जहाँ बारिश न हो

जहाँ बारिश न हो

सुरेन्द्र वर्मा

वाणी प्रकाशन

सजिल्द प्रथम संस्करण : 1980
सजिल्द द्वितीय संस्करण : 2023

वाणी प्रकाशन
4695, 21-ए, दरियागंज, नयी दिल्ली 110 002
फ़ोन : +91 11 23273167 फ़ैक्स : +91 11 23275710

शाखाएँ
अशोक राजपथ, पटना 800 004, बिहार
कॉफ़ी हाउस कैम्पस, महात्मा गाँधी मार्ग, इलाहाबाद 211 001, उत्तर प्रदेश
महात्मा गाँधी अन्तरराष्ट्रीय हिन्दी विश्वविद्यालय, वर्धा 442 001, महाराष्ट्र
36/ए, शेक्सपीयर सरणी, रानी बिरला गर्ल्स कॉलेज के पास, कोलकाता 700 017, प. बंगाल

www.vaniprakashan.com
marketing@vaniprakashan.in
sales@vaniprakashan.in

Jahan Barish Na Ho
by Surendra Verma

ISBN : 978-81-19014-62-0
Satire/Essays

मूल्य : ₹ 299

आर. टेक ऑफ़सेट प्रिंटर्स, दिल्ली-110 032 में मुद्रित

वाणी प्रकाशन का लोगो मक़बूल फ़िदा हुसेन की कूची से

अनुक्रम

जहाँ
बारिश
न हो

एडवांस बुकिंग और ज़िन्दगी

हर अच्छे प्रोग्राम की एडवांस बुकिंग होती है—शायद अच्छे होने की कसौटी ही यही है कि उसकी बुकिंग एडवांस हो रही है। चाहे मावलंकर हॉल में पी.सी. सरकार का जादू हो और चाहे फ़ाइन आर्ट्स थियेटर में बादल सरकार का नाटक, चाहे सप्रू हाउस में बेगम अख़्तर की ग़ज़ल हो और चाहे विज्ञान भवन में रोमानियन कठपुतलियों का तमाशा–सबके टिकट पहले से कॉटेज इंडस्ट्रीज़ एम्पोरियम की टिकट खिड़की में बिक रहे होते हैं। प्रोग्राम के इश्तिहार के साथ बड़े-बड़े हर्फ़ों में छपा रहता है, 'नाउम्मीदी से बचने के लिए एडवांस बुकिंग करवाइए।'

बड़ी चुभती हुई सच्चाई है। इसीलिए लोग सोकर उठते हैं और मुँह में ब्रश दबाए हुए टिकट खिड़की की ओर भागते हैं। इन पंक्तियों के लेखक ने कई बार कुछेक लोगों को ड्रेसिंग गाउन पहने हुए कतार में खड़े देखा है। उनके बाल बिखरे होते हैं और आँखें लाल। उनका उस दिन का दैनिक भविष्य कुछ इस तरह का होता है— 'सारी रात करवटें बदल-बदलकर कटेगी। चिन्ता की काली छाया पल भर को भी पलकें नहीं झपकने देगी। सुबह उठते ही एडवांस बुकिंग के लिए भागेंगे। अगर मन को एकाग्र कर सके, तो टिकट मिल जाएगा।'

मैं मन को कभी एकाग्र नहीं कर सका, इसलिए एडवांस बुकिंग के वक़्त टिकट नहीं, नाउम्मीदी मिली। सुबह की साधना दोपहर के लिए

टाली और दोपहर की शाम के लिए। अव्वल तो पहुँचे ही नहीं और पहुँचे तो देर से पहुँचे, जब दूरदृष्टिवानों की जेब में सारे टिकट पहुँच चुके थे। एक बार नाउम्मीदी मिली और बार-बार नाउम्मीदी मिली। तब ज़िन्दगी में जोश का एक दौर भी आया और सुबह के नौ बजे से रात के नौ बजे तक लगातार संघर्ष करते हुए कई फ़िल्मों और प्रोग्रामों के टिकट बुक करवा लिये, लेकिन जल्दी ही जान लिया कि टिकट बुक करवाना एक बात है और उसका इस्तेमाल करना दूसरी बात। अगर पहली चीज़ साधना है, तो दूसरी सिद्धि, और यह कभी ज़रूरी नहीं होता कि हर साधना के बाद सिद्धि मिल ही जाए। चुनांचे नतीजा यह हुआ कि एक बार 'रिवोली' के इतवार के मैटिनी-टिकट को लेकर 'ओडियन' में सोमवार की शाम को पहुँच गये, एक बार दूसरे शनिवार की छुट्टी पर 'प्लाज़ा' में सुबह नौ के शो का अंग्रेज़ी फ़िल्म 'कम सेप्टम्बर' का टिकट– अपनी समझ में– हमारे पास था, पर दो छुट्टियाँ होने से दिनों में भ्रम हो गया और पहुँचे इतवार की सुबह, जब तमिल तस्वीर 'यडिवक्कू षड्वळ' दिखायी जा रही थी। कभी दिन सही निकला तो सिनेमाघर बदल गये, कभी सिनेमाघर सही निकला तो शो ग़लत हो गया, कभी शो सही निकला तो पिक्चर दूसरी मिली। रविशंकर का सितार सुनने सप्रू हाउस गये, तो पंजाबी नाटक 'गल्लां प्यार दियां' देखने को मिला, दमयन्ती जोशी का नाच देखने एन.डी.एम.सी. हॉल गये, तो वहाँ सरदार बख़्तावरसिंह अहलूवालिया की शादी के रिसेप्शन में शामिल होना पड़ा, इरशाद पंजतन का माइम शो देखने विज्ञान भवन गये, तो वहाँ 'जनसंख्या-विस्फोट और भारत' शीर्षक पर परिसंवाद में हिस्सा लेना पड़ा।

अब आलम यह है कि घूमता- फिरता हुआ सिनेमाघर और एम्पोरियम की टिकट खिड़की के आसपास पहुँच जाता हूँ तो हसरत-भरी नज़र

से टिकट लेते हुए लोगों की ओर देखता हूँ!...देखिए, यह नौजवान जो खिड़की से हट रहा है, इसके पर्स में हफ़्ते-भर के लिए ग्यारह-बारह टिकट हैं—इतवार की सुबह 'शीला' में अंग्रेज़ी फ़िल्म, शाम को अमेरिकन स्कूल में अंग्रेज़ी ड्रामा, रात को 'गोलचा' में हिन्दी चित्र, शनिवार को 'डिलाइट' में मैटिनी और शाम को 'यात्रिक' में इंग्लिश ड्रामा, शुक्र को आगरा आने-जाने के लिए ताज एक्सप्रेस का टिकट और रात को 'लिबर्टी' में पिक्चर...नेशनल स्कूल ऑफ ड्रामा और त्रिवेणी, आज़ाद भवन और पी.एन.बी. ऑडिटोरियम, लाजपत भवन और आई.एम.ए. और ऑडियो-विजुअल और सत्यमूर्ति ऑडीटोरियम...

इतिहास, भूगोल, स्मृति, कैलेंडर-डायरी और घड़ी नामक शास्त्रों का यह प्रकांड विद्वान है, इसलिए इससे कभी कोई चूक नहीं होगी। यह सही दिन, सही समय पर, सही जगह, सही चीज़ देखने जाएगा और हँसता- खेलता वापस आएगा। ज़िन्दगी में कामयाबी क़दम-क़दम पर इसके पैर चूमेगी। वस्तुतः ऐसे ही लोग भारतवर्ष के भविष्य-निर्माता हैं, पंडित नेहरू के मन में हन लोगों के लिए प्यार का अपार सागर लहरें मारा करता था। वे कहा करते थे कि जब तक इस मुल्क के नौजवान...

और एक हम हैं! ज़िन्दगी बीत गयी, पर एडवांस बुकिंग करवानी नहीं आयी। चाहे बस या सिनेमाघर की सीट हो और चाहे रेल की बर्थ, हम हमेशा ठीक समय पर पहुँचे और टापते रह गये। जिनकी बर्थ रिज़र्व थी, वे आराम से पैर फैलाकर सोये और मुझे फुटबोर्ड पर लटकने को भी जगह नहीं मिली।

आप शिकायत नहीं कर सकते। बस, एक गुण होता है। किसी को मिलता है, किसी को नहीं मिलता। जिसको मिलता है, उसको सब कुछ मिल जाता है। वे अभी फ़ाइनल इम्तिहान की तैयारी कर रहे होते हैं और उनकी छह सौ की नौकरी बुक हो जाती है। जिस दिन नियुक्ति-पत्र मिलता है, उसी दिन बीबी बुक हो जाती है।

ज्यों ही प्रोबेशन पीरियड ख़त्म होता है, त्यों ही बच्चा बुक हो जाता है। जैसे ही जूनियर से सीनियर ग्रेड में आते हैं, वैसे ही 'फियेट' बुक हो जाती है। सिर पर चाँदी के चार-छह तार दिखाई देते हैं और मकान का प्लॉट बुक हो जाता है... बस, बुकिंग का एक सिलसिला है, जो लगातार चलता ही रहता है। अस्पताल के पालने से लेकर क़ब्रिस्तान की ज़मीन तक-उनकी हर चीज़ बुक है! कितनी योजनाबद्ध ज़िन्दगी है! मेरे मुँह से एक ठंडी सांस निकल जाती है।

मैं छोटा-सा था, जब मेरे सामने एडवांस बुकिंग की प्रकृति और महत्ता स्पष्ट हो गयी। पड़ोसी मुन्नू से मेरी शर्त लगी कि 'मिनर्वा' में आज ही लगी फ़िल्म को मैटिनी में कौन देखता है। मन्नू फ़ौरन दौड़कर अपने बंगले में घुस गया और खिड़की के शीशे में से मैंने देखा कि वह टेलीफ़ोन डायल कर रहा है। मैं भागकर अपने पिताजी के पास पहुँचा। वे कहने लगे, "बेटे! तुम हार जाओगे। आज 'मिनर्वा' में बहुत भीड़ है, लेकिन मुन्नू ने फोन कर दिया है, इसलिए उसे सीट मिल जाएगी। अपने यहाँ फोन नहीं है।"

मैंने ज़िद की, "हम लोग खुद वहाँ चलेंगे-अपनी साइकिल से। थोड़ी-सी देर में पहुँच जायेंगे।"

वे बोले, "हमें साइकिल से जाता देखकर मन्नू गैराज से अपनी कार निकाल लेगा। एक सीट बाक़ी बची है, वह उसे ही मिलेगी।"

इस तरह मुन्नू शर्त जीत गया और मेरी समझ में यह बात आ गयी कि एडवांस बुकिंग किन लोगों की होती है? जब तक चुन्नू पसीने से लथपथ, पैडिल मारता हुआ सिनेमाघर तक पहुँचता है, तब तक वहाँ की घंटी बज रही होती है।

चुन्नू मूड का दास है। उसकी दृष्टि दूरगामी नहीं है। वह वर्तमान के बिल्कुल निकटवर्ती क्षण में अपनी चेतना को समाहित किये हैं।

वह शनीचर को दफ़्तर में काम कर रहा होता है और उसे पता नहीं होता कि अगले दिन इतवार है, वह क्या करेगा, कैसे छुट्टी काटेगा? इतवार को एकाएक तीन बजे उसका पिक्चर देखने का मूड बनता है। वह 27 नम्बर बस पकड़ता है और हाँफता हुआ 'ओडियन' पहुँचता है, तो बाहर से ही 'हाउसफुल' का बोर्ड दिखायी दे जाता है। वह हड़बड़ाया हुआ कई लोगों से पूछता है कि किसी के पास फ़ालतू टिकट तो नहीं है? सब इनकार में सिर हिला देते हैं। जब लोगों की अपनी ही सीट का ठिकाना नहीं है, तो भला फ़ालतू टिकट का क्या सवाल है?

बिल्कुल ठीक साढ़े तीन बजे सामने एक कार रुकती है और मुँह में सिगरेट दबाये मुन्नू नीचे उतरता है। उसका चेहरा गम्भीर है। उसकी चाल सन्तुलित है। न अधीरता, न बेकली। लॉबी के एक कोने में चुन्नू छिपा-सा देख रहा है कि मुन्नू स्थिर क़दमों से हॉल तक पहुँचा है और पर्स से टिकट निकालकर गेटकीपर की ओर बढ़ा दिया है।

मुन्नू की यही विशेषता है। उसकी दृष्टि दूरगामी है। वह द्विआयामी चरित्र वाला है। उसका एक क़दम वर्तमान में और दूसरा भविष्य में रहता है। उसे सोमवार को मालूम पड़ जाता है कि अगले इतवार को 3 बजे उसका पिक्चर देखने का मूड होगा। वह इतवार को जान जाता है कि बुधवार को उसकी 'वोल्गा' में डिनर खाने की तबीयत होगी, इसलिए मेज़ रिज़र्व करवा लेनी चाहिए। मुन्नू वह सूफ़ी साधक है, जिसे हमेशा अपने आगामी मूड का इल्हाम हो जाता है। जैसे-जैसे साधना बढ़ती है, वैसे-वैसे भविष्य की अवधि लम्बी होती जाती है। होते-होते यहाँ तक होता है कि मुन्नू अपने साप्ताहिक से मासिक और मासिक से वार्षिक मूडों की जानकारी पाने लगता है।

और उधर चुन्नू 'ओडियन' से 'प्लाज़ा', 'प्लाज़ा' से 'रिवोली' और 'रिवोली' से 'रीगल' में धक्के खाता फिर रहा है। हर जगह हाउसफुल है। कहीं उसे सीट नहीं मिलती। हारकर वह पुरानी दिल्ली की तरफ़ मुड़ता है और फ़टीचर-से 'खन्ना' या 'जुबली' में घुस जाता है।

चुन्नुओं का यही अंजाम होता है। वे 'प्लाज़ा' के लिए निकलते हैं और 'जुबली' में जा पहुँचते हैं!

लोग बड़ी आशा से ज्योतिषी के सामने अपना हाथ फैलाते हैं, 'धन की रेखा है? सन्तान की रेखा है? विदेश-यात्रा, शिक्षा...' मैं अपनी हथेली सामने करके पूछता हूँ, 'एडवांस बुकिंग की रेखा है?' ज्योतिषी ध्यान से देखता है। मेरी उँगलियों में न हीरे की अँगूठियाँ हैं, न कलाई में सोने की चेन वाली घड़ी, न जड़ाऊ कफ़-लिंक...वह 'नहीं चुन्नू!' कहता हुआ दूसरे के हाथ पर झुक जाता है।

ग़ालिब मरहूम का 'असद' के अलावा एक उपनाम 'चुन्नू' भी था! दर्दभरी आवाज़ में फ़र्मा चुके हैं :

किससे महरूमिये-बुकिंग
की शिकायत कीजे,
हमने चाहा था कि करवाएँ,
सो वो भी न हुआ।

सिनेमाघर की सीट के हत्थे

जिसने सबसे पहले सिनेमाघर की सीटें बनायीं, उसको या तो गणित का ज्ञान नहीं था, या वह मानवीय मूल्यों का विरोधी कोई कुटिल बुद्धि था और या बहुत किफ़ायतशार था, क्योंकि दो सीटों के बीच में तीन हत्थे लगाकर उसने जाने या अनजाने शाश्वत्, चिरन्तन और स्थायी संघर्ष के विषैले बीज बो दिये, क्योंकि आदमी मूल रूप से एक आरामपसन्द प्राणी है। फिर जिस सिनेमाघर में वह मनोरंजन के लिए जाता हो, जिसकी कुर्सी पर आराम से ढाई घंटों के लिए बैठता हो, उसके दोनों हत्थों पर दोनों हाथ वह अगर लगातार न रख सके, तो न तो मनोरंजन मिलता है और न आराम। 'राम एक कुर्सी पर बैठा है', इस वाक्य में 'बैठा' शब्द जिस बिम्ब को सबके सामने लाता है, उसमें राम इत्मीनान से हाथों को हत्थों पर टिकाए है, उन्हें गोद में नहीं समेटे है! लेकिन इतिहास साक्षी है कि सिनेमाघर के भीतर हमें अक्सर ऐसा करना पड़ जाता है, क्योंकि आम तौर से अगल-बगल के लोग इतने खुदगर्ज़ और टुच्चे होते हैं कि दूसरे को हत्थे पर कुहनी नहीं रखने देते–मसल मशहूर है कि एक हत्थे पर दो हाथ नहीं रह सकते!

इस समस्या को हम दो हिस्सों में बाँट सकते हैं : (1) हत्थों पर हाथ रखना, और (2) हत्थों पर हाथ रखे रहना।

पहली बात आसान मालूम देती है। आप सिनेमाहॉल में जल्दी पहुँच जाते हैं। आपकी सीट का नम्बर, मसलन, एच 7 है और 5 व 8

संख्याओं वाले अनदेखे-अनजाने दुश्मन अभी नहीं आए हैं, तो आप डंके की चोट हत्थों पर कुहनियाँ टिका सकते हैं, लेकिन भिश्ती की बादशाहत कितनी देर की? जूतों की आहट के साथ बारी-बारी से 6 और 8 आते हैं, छिपी निगाहों से आपका हाथ फैलाने का ऐश देखते हैं और आँखों में हिंस्र बर्बरता लिए ऐसी दहशतअंगेज़ 'धचक्' के साथ सीट पर बैठते हैं कि आपकी कुहनियाँ अपने-आप हट जाती हैं। अगर नहीं हटतीं अर्थात् अपने मूल अधिकारों के प्रति जागरूकता प्रकट करती हैं, तो वह तीव्र संघर्ष शुरू होता है, जिसके अनुभव का गर्व हम सबको प्राप्त है, क्योंकि सबके पास हाथ हैं और सबको उन्हें हत्थों पर रखना भी आता है। पर बात अगर रखे रहने की हो, तो उसके लिए गड़े हुए धन पर स्थित साँप की तरह कुंडली मारनी पड़ती है। जिस प्रकार राजनीतिक जीवन की धुरी में रहने के लिए बहुत सतर्कता वांछनीय है, उसी तरह हत्थों पर हाथ रखे रहने के लिए बहुत सतर्कता वांछनीय है, उसी तरह हत्थों पर हाथ रखे रहने के लिए भी ठोस निश्चलता चाहिए। पल भर की असावधानी, गर्दन की खुजली या पहलू का बदलना–कोई भी हरकत आपकी सत्ता छीन सकती है, यहाँ तक कि इंटरवल में पेशाब या चाय के लिए भी नहीं उठा जा सकता, क्योंकि

एक तो दुश्मन घात में बैठे, दूजे रात अँधेरी,
ग़ाफ़िल जान के छीन न ले कोई मेहनत मेरी, तेरी

इस युद्ध की कुछ दिलचस्प विशेषताएँ भी हैं। पहली तो यह कि यह बिल्कुल ही बेआवाज़ होता है और दो योद्धाओं के अलावा किसी तीसरे व्यक्ति को कानोंकान ख़बर नहीं होती कि पर्दे से ज़्यादा गहरा संघर्ष मेरे पास ही चल रहा है। दूसरे, यह लड़ाई अक्सर दोतरफ़ा भी पायी जाती है, क्योंकि हाथ दो होते हैं और हत्थे भी। तीसरे, हर युद्ध के बिल्कुल विपरीत इस जंग में शत्रु की जानकारी बिल्कुल ग़ैर-ज़रूरी है अर्थात् उसके नाम-पते, चेहरे-मोहरे और चाल-ढाल से आपका कोई सरोकार नहीं, क्योंकि यह युद्ध अन्धा भी हो सकता है। कैसे?

आप देर से पहुँचते हैं, जब कमर्शियल शॉर्ट चल रहे होते हैं और 'अशर' टॉर्च चमकाता हुआ सीट तक पहुँचा देता है और आप अँधेरे में 'इर्द-गिर्दियों' के चेहरे भी नहीं देख पाते। आप अपनी सीट पर बैठते हुए स्वभावतः दोनों हाथ दोनों हत्थों की ओर बढ़ाते हैं, लेकिन तत्क्षण आपको विदित हो जाता है कि दोनों हत्थे भरे हुए हैं। हाथ गोद में रखकर आप अपनी जगह सिमट जाते हैं। अब डॉक्यूमेंट्री चल रही है। फिर दो फ़िल्मों के ट्रेलर दिखाये जाते हैं। फिर मुख्य तस्वीर के क्रेडिट टाइटिल शुरू होते है। पन्द्रह मिनट गुज़र चुके हैं। आप आहिस्ता-से, काफ़ी नामालूम ढंग से, दोनों कुहनियाँ ऊपर उठाते हैं, पर मालूम होता है कि...नहीं!

लेकिन अब आपको क्रोध आ जाता है। यह भी कोई बात है? हमने भी 3 रुपये 20 पैसे ख़र्च किये हैं! अब तक आपकी आँखें अँधेरे में अभ्यस्त हो चुकी हैं और आप होशियारी से दोनों हाथों का जायज़ा लेते हैं। मालूम होता है कि दायाँ तो पूरी तरह काले कोट की आस्तीन से ढका हुआ है, लेकिन बाएँ पर, बीच से ज़रा आगे की ओर, चौथाई इंच की गुंजाइश है। बस, एक युद्ध-कुशल गुरिल्ला के समान आप वहाँ अपनी कुहनी स्थापित कर देते हैं। हालाँकि यह स्थिति आरामदेह नहीं है, लेकिन उस पुरानी कहानी में जब ऊँट ने तम्बू के भीतर अपना सिर डाला था, तो उसे कौन-सा आराम मिला था? यह तो एक शुरुआत है! आप धीरे-धीरे अपनी कोहनी पीछे खिसकाना शुरू करते हैं। रुक-रुककर, सँभल-सँभलकर, एक सूत, दो सूत, तीन सूत...जब बगल वाले के हाथ का मुख्य भाग आड़े आ जाता है और विकास की सम्भावना नहीं रहती, तो आप अपने हाथ का दबाव बढ़ाते हुए अपने अधिकार के लिए संघर्ष की दृढ़ प्रतिज्ञा को प्रकट कर देते हैं। शत्रु पक्ष कुछ देर प्रतिरोध की चेष्टा करता है। उसका हाथ मरे हुए हाथी के समान संज्ञाहीन, पर वज़नी, जहाँ का तहाँ स्थापित रहता है, जिसे किसी तरह का कोंचना, कैसा भी धक्का नहीं व्यापता।

पर आपने भी आँधी-तूफ़ानों में आगे बढ़ना सीखा है। आप घन पर बार-बार हथौड़ा पटकते हैं, हमले पर हमला करते जाते हैं। अंग्रेज़ों की तरह दुश्मन पर ज़ाहिर हो जाता है कि अब तो ये हिन्दुस्तान लेकर ही टलेगा! वह पहलू बदलते हुए मैदान छोड़ देता है यानी यह प्रकट कर देता है कि हम इस तरह बैठे हुए थक गये थे, इसलिए हत्थे से हाथ हटा रहे हैं। यह मत समझिए कि... लेकिन विजय के उन्माद में आप उस पर कोई ध्यान नहीं देते। लूट के माल की तरह आप बार-बार हत्थे को यहाँ से वहाँ तक महसूस करते हैं। ओह, कितना चिकना है! कितना प्यारा है!...अब आपका ध्यान दूसरी मुहिम पर जाता है। आप कुशल राजनीतिज्ञ के समान घात लगाए बैठे रहते हैं और असजग क्षण में जैसे ही शत्रु कान खुजलाने के लिए हाथ उठाता है, आप तुरन्त हत्थे पर क़ब्ज़ा कर लेते हैं।

आपने देर से रुकी एक लम्बी साँस ली है। ओह, ज़िन्दगी कितनी ख़ूबसूरत है! दो पुष्पधवल शैयाओं पर कमनीय कामिनी के समान आपकी दोनों कुहनियाँ फैली पड़ी हैं! अब आप इत्मीनान से सामने नज़र घुमाते हैं...लेकिन ये क्या! बहुत सारे लोग एकाएक एक साथ उठ खड़े हुए हैं, क्योंकि पर्दे पर कुछेक हर्फ़ अंकित हैं- इंटरवल!

सिनेमाघर का यही दस्तूर है। हत्थे मिलते हैं, तो पिक्चर छूट जाती है। पिक्चर मिलती है, तो हत्थे नहीं मिलते। कभी-कभी दोनों चीज़ें एक साथ भी मिल जाती हैं, लेकिन ऐसा बहुत कम होता है- यानी तभी, जब आपके इर्द-गिर्द दो लड़कियाँ, दो औरतें या एक लड़की और एक औरत हो। क्योंकि जहाँ तक हत्थों पर हाथ रखने का सवाल है, अपनी सारी आधुनिकता के बावजूद नारी समाज पुराने, सड़े-गले मध्यवर्गीय संस्कारों से चिपका है। जीवन के हर क्षेत्र में स्त्री बड़ी बहादुरी से पुरुष की बराबरी कर रही है, मगर जब ग़ैर मर्द के साथ हत्थे पर हाथ रखने की बात आती है, तो वह निहायत ही ग्रामीण ढंग से, चेहरे पर घूँघट डालते हुए 'हाय दैया!' बोल उठती है।

अगल-बगल से आती हुई भीनी-भीनी सुगन्धों के साथ जब मुझे अनायास ही हत्थों पर अधिकार मिल जाता है, तो मेरा मन क्रन्दन करने लगता है, ''ऐ मेरे वतन की नारी! कितने समाज-सुधारकों ने युगों तक संघर्ष किया है, तब कहीं जाकर तुझे ये हत्थे नसीब हुए हैं और तू इतनी लापरवाही से अपने अधिकार को गँवा रही है!'' हत्थे ख़ाली मिल जाते हैं, पर मेरे मन को चैन नहीं मिलता। मेरी आँखें पर्दे पर होते हुए भी सुदूर भविष्य में उस दिन को खोजती रहती हैं, जब मुझे हत्थों पर हाथ रखने के लिए किसी चूड़ी वाली कलाई से संघर्ष करना पड़ेगा। गणतन्त्र भारत में स्त्री-पुरुष की समानता उसी दिन सिद्ध होगी।

लेकिन बात हाथ रखने की हो रही थी। 'रीगल', 'ओडियन', 'रिवोली' और 'प्लाज़ा' मेरे मानसिक तनाव और शारीरिक संघर्ष के साक्षी हैं। फ़िल्म साढ़े छह से शुरू होती है। मैं छह बजे पहुँच जाता हूँ। मैटिनी ख़त्म होता है। बन्द हॉल में सफ़ाई चालू हो जाती है। मैं बेचैन-सा जेबों में हाथ डाले, लॉबी में चक्कर काटता हूँ। कभी इस पोस्टर के आगे रुकता हूँ, कभी उस स्टिल को देखता हूँ कभी आइसक्रीम खाता हूँ, कभी कोक पीता हूँ और मेरे दिमाग़ में सुबह अख़बार में पढ़ी गयी दैनिक भविष्य की चेतावनी गूँजती रहती है, ''आज का दिन आपके लिए बेहद तनावपूर्ण है। अपने अधिकारों की प्राप्ति के लिए कठिन संघर्ष करना पड़ेगा। आप दुःख देंगे भी और पायेंगे भी।''

मैं शरीफ़ और शान्तिप्रिय आदमी हूँ। लड़ाई-झगड़ा मेरी आदत नहीं है। मैं अपनी सीट पर बैठ गया हूँ और हत्थों पर हाथ रखे उन्हें ऐसे देख रहा हूँ, जैसे कुड़की हो चुकने वाले मकान का मालिक अपने सामान को देखता है। कुछ देर बाद मेरे दोनों ओर की सीटें भर जाती-हैं। मैं नामालूम ढंग से दोनों के चेहरे देखता हूँ, तो पाता हूँ कि वे भी

मेरी तरफ़ शरीफ़ और शान्तिप्रिय हैं। जोर देकर हत्थे हथियाना उनकी आदत नहीं है और उनके मन में भी वही डर है, जो मेरे मन को मथ रहा है। पर्दे पर अभी कुछ नहीं है। पृष्ठभूमि में वाद्य संगीत चल रहा है। आख़िरी घंटी बजती है। एकाएक मैं दोनों को सम्बोधित कर कहता हूँ, "देखिए, अगर हम आपस में सन्धि कर लें, तो कैसा रहे?"

दोनों मान जाते हैं। जैसा कि नाम से ज़ाहिर है, 'साउंड ऑफ़ म्यूज़िक' में तमाम गाने थे। दायें हत्थे पर पहले से दूसरे गाने के बीच मैंने हाथ रखा और दूसरे से तीसरे के दौरान मेरे पड़ोसी ने। इसी तरह बायें हत्थे पर दूसरे से तीसरे के दरम्यान मैंने कुहनी टिकायी और तीसरे से चौथे के बीच मेरे पड़ोसी ने। सबने ईमानदारी से समझौते की शर्तों का पालन किया।

लेकिन इतने आदर्श पड़ोसी एकाध बार ही मिलते हैं–कम-से-कम मेरे साथ तो ऐसा ही हुआ है। इसलिए तीन घंटों के तनाव से छुटकारा पाने का एक रास्ता मैंने निकाल लिया है। मैं आमतौर से फ़िल्म आख़िरी हफ़्ते के आख़िरी दिन के आख़िरी शो में देखता हूँ। हॉल में घुसता हूँ, तो वह विधवा की माँग की तरह सूना नज़र आता है और मेरी बाँछें लिख उठती हैं। सीट पर बैठता हूँ, हत्थों पर कुहनियाँ टिकाता हूँ और मेरे मन से अनहद नाद उठने लगता है। चाहे कहानी घिसी-पिटी हो और निर्देशन लचर, चाहे अभिनय भोंडा हो और संगीत फूहड़, पर हत्थों पर मेरे हाथ हैं, इसलिए सौन्दर्य-बोध को हार्दिक तृप्ति मिलती है!

बस में सीट छोड़ना : महिलाओं के लिए

शहर में बसें चलती हैं और बसों में सवारियाँ चलती हैं—यानी सफ़र करती हैं। सफ़र दो तरह से किया जाता है—सीट पर अपना बोझ रखकर और अपने पैरों अपने आप खड़े होकर। पहली स्थिति को 'बैठना' कहा जाता है, और दूसरी स्थिति को 'खड़े होना'। पहली स्थिति आम तौर से आरामदेह मानी जाती है।

सफ़र के समान सवारियाँ भी दो तरह की होती हैं—ज़नानी और मर्दानी। पहली किस्म को दो उपविभागों में बाँटा जा सकता है—लड़की और औरत। जिस जगह पर ये सवारियाँ बस में चढ़ती और उतरती हैं, उसे बस-स्टॉप कहते हैं। बस में चढ़ने का तरीक़ा शहर और जलवायु के हिसाब से बदलता रहता है, लेकिन बैठने का ढंग हर जगह एक है—यानी आप पायदान से चढ़कर बस में दाख़िल होते हैं और दायें-बायें नज़र डालते हुए आगे बढ़ते हैं। अगर आपको कोई सीट ख़ाली नज़र आती है, तो आप उस पर अपनी 'तशरीफ़' रख देते हैं। अगर कोई जगह ख़ाली नहीं होती, तो आप चुपचाप सीटों के बीच में ऊपर से लटकते हुए चमड़े के पट्टे को थाम कर खड़े रहते हैं। अगर आपका स्टॉप आने से पहले कोई सीट ख़ाली हो जाती है, तो आप बैठ जाते हैं।

जो देर से आता है, वह खड़ा रहता है। यह दुनिया का पुराना दस्तूर है। लेकिन पता नहीं, किसने इस नियम का अपवाद पैदा कर दिया है। आपने भी कई बार देखा होगा कि ज़नानी सवारी के आने

पर कोई आदमी उसके लिए सीट छोड़ देता है और 'खड़े हुओं' की बिरादरी का सदस्य बन जाता है। बहुत सारे ऐतिहासिक ग्रन्थों का अवलोकन करने के बाद भी इन पंक्तियों का लेखक आज तक नहीं जान पाया कि इस खुराफ़ाती प्रथा का प्रचलन किस सिरफिरे ने किया है?

जहाँ तक बस में 'बैठे हुओं' को विस्थापित करके सीट हथियाने का सवाल है, महिला-समाज के तौर-तरीक़े गहरी मनोवैज्ञानिक समझ से समन्वित हैं। सीटों पर शोभायमान भोली-भाली पुरुष जाति को प्रवंचित करने के अपने स्वभाव और प्रकृति के अनुसार इनके अलग-अलग ढंग हैं।

विश्लेषण की सुविधा के लिए इन्हें कुछेक वर्गों में बाँटा जा सकता है। पहले हिस्से में अभिमानी महिलाएँ आती हैं, जो नारीत्व को सीट पाने का पर्याय समझती हैं। ये बस में दाख़िल होती हैं और 'बैठे हुओं' की पीठ इनकी तरफ़ होती है। ये एक सीट के पास जाकर रुकती हैं और उसी सीट के पीछे के टिकने वाले हिस्से की छड़ को थामकर खड़ी हो जाती हैं और बैठे हुए आदमी की आँखों में आँखें डाल देती हैं। शायर कह ही चुका है :

हर तरह के जज़्बात का ऐलान हैं आँखें,
शबनम, कभी शोला, कभी तूफ़ान हैं आँखें

इस समय इन आँखों से भर्त्सना की चिंगारियाँ छिटक रही होती हैं— "ऐ मानव! तुम इतने पतित और अधम हो, जो आराम से पैर फैलाये बैठे हो, जबकि तुम्हारे पास ही तन्वंगी, सुकुमारी, कोमल काया, मृदुल यष्टि तेज़-तेज़ धक्कों से हिचकोले खाती हुई खड़ी है!" आदमी बेचारा कच्चा होता है। मिनट के चौथाई हिस्से में ही घृणारूपी अग्नि-बाण उसकी सुविधाप्राप्ति के इच्छारूपी कुसुम को राख कर देते हैं और वह

झेंपा-सा अख़बार समेत अपना लंच बॉक्स सँभालता हुआ उठ खड़ा होता है। ये बिना 'थैंक्यू' कहे तुरन्त वहाँ दराज हो जाती हैं और मन-ही-मन मुस्कुराते हुए ग़ालिब का शे'र गुनगुनाती है :

बस कि आसान है हर काम का दुश्वार होना
आदमी को ही मयस्सर है यू गँवार होना

दूसरा वर्ग इतना बेधड़क नहीं होता। वह हिचकता-सा, कुछ-कुछ शर्मिन्दा-सा आपके पास आकर खड़ा हो जाता है। इसमें इतनी हिम्मत नहीं है कि आपसे निगाहें मिला सके। ये चुपचाप, आपके सिर के ऊपर से खिड़की के उस पार बाहर का दृश्य देखती रहती हैं। सीट की छड़ और ऊपर के डंडे को, जिसे दोनों हाथ पकड़े हुए हैं, बारी-बारी से बदलती रहती हैं, अपना पल्लू और पर्स सँभालती रहती हैं और अचानक मोड़ पर बस के मुड़ने पर ये लड़खड़ाने का अतिरंजित, मेलो-ड्रैमेटिक अभिनय करके आपके सामने अपनी स्थिति की बेचारगी को प्रकट करती हैं। इन सब हरकतों को शब्द दिये जाने पर इबारत कुछ इस तरह बनेगी, "देखिए, मैं समझती हूँ कि आप भी आराम पसन्द करते हैं। देवनगर रो आप बस में चढ़े थे और बंगाली मार्केट में आकर आपको सीट मिली है। हौज़ खास तक का लम्बा सफ़र आपको तय करना है। लिहाज़ा, आपके लिए सीट बहुत ज़रूरी है... लेकिन... देखिए...मैं किस तरह मर्दों में फँसी हूँ...(कंठावरोध)...पीछेवाला मुझे धक्के दिये जा रहा है...(तुरुप चाल) आखिर आपके भी माँ-बहनें..."

आप एकाएक यों चौंककर खड़े हो जाते हैं, जैसे आपको बिजली का करेंट लगा हो। वह महिला झेंप और कृतज्ञताभरी दो-तीन 'थैंक्यू' के साथ आपकी छोड़ी हुई जगह पर बैठ जाती है और आप शहीदाना अन्दाज़ में उसके छोड़े हुए डंडे को थामकर खड़े हो जाते हैं।...गर्व के आप अपने आसपास बैठे हुए पुरुष समाज की ओर देखते हैं कि "अरे आदमियो! मैं भी तुम्हारी तरह एक आदमी हूँ, लेकिन ऐसा खुदगर्ज़ और टुच्चा नहीं हूँ।" बैठे हुए ज़्यादातर लोग सिर झुका लेते हैं

और खड़ी हुई दूसरी महिलाएँ आपकी ओर श्रद्धा और भक्ति से देखने लगती हैं। आपने अपना 'इमेज' बना लिया है और सन्तोष की मुस्कान से आप गुनगुनाते लगते हैं :

ले ले दर्द पराया, कर दे दूर ग़म का साया
तेरी खुशी तुझको मिल ही जाएगी

एक वर्ग ऐसा होता है, जो उम्र के हथियार को इस्तेमाल करके सीट हथिया लेता है। इनके बालों में सफ़ेदी और वृद्धत्व में जर्जरता ऐसा होती है कि आप सीट तो क्या, शहर भी छोड़ सकते हैं। एक वर्ग ऐसा होता है, जो मातृत्व का सहारा लेता है। इनकी गोद में एक छोटा-सा बंडल होता है, जिसे देखते ही बात की बात में बात बन जाती है। चाहे सुबह नौ से दस का समय हो और चाहे शाम पाँच से छह का, चाहे सेंट्रल सैक्रेटेरियट हो, चाहे आई.टी.ओ. या सिन्धिया हाउस, बंडल का प्रदर्शन करते हुए ये केक को काटती छुरी के समान सीट तक पहुँच जाती हैं।

जहाँ तक महिलाओं के लिए सीट छोड़ने का सवाल है, इन पंक्तियों के लेखक के कुछ निश्चित सिद्धान्त हैं। मैं इंसानियत के नाम पर दादी और नानी के लिए सीट छोड़ देता हूँ, बंडल वाली महिलाओं के लिए जगह नहीं छोड़ता। हाँ, उन्हें खड़े रहने में सहूलियत हो, इसलिए उनके बंडल अपनी गोद में ले लेता हूँ। पहले और दूसरे वर्गों के लिए, सीट के त्याग का कोई प्रश्न ही पैदा नहीं होता। जब आप वेशभूषा, खान-पान, रहन-सहन, नौकरी-जीवन के हर पक्ष में आदमी की बराबरी करके मर्दानी औरत बन रही हैं, तो बस में खड़े रहने के मुद्दे पर छुईमुई क्यों बन जाती हैं? व्यवहार का यही दोमुंहापन तो देश की तरक़्क़ी में रुकावट डाल रहा है।

यह भूमिका पाँचवें वर्ग का वर्णन करने से पहले ज़रूरी थी। यह हालाँकि संख्या के हिसाब से कम है, लेकिन बहुत ही दुस्साहसी और बेशर्म है। पिछले दिनों इस वर्ग की एक नौजवान लड़की से मेरा साबका पड़ा। उसने मेरी आँखों में आँखें डाल दीं और वांछनीय प्रतिक्रिया की प्रतीक्षा करने लगी। एक मिनट बीता... और मैं और भी फैलकर बैठ गया। लड़की ने बौखलाकर निगाहें हटा लीं। मैं कबीर का पद गुनगुनाने लगा :

साधो लड़की बड़ी कुचाली!
लड़के सों यों सीट छीन ले
ज्यों फल कों तें डाली!

लड़की ने एक नज़र मेरी ओर देखा, कुछ सोचा, फिर धीरे-धीरे भाव-भरे स्वर में गाने लगी :

हे री मैं तो सीट दिवानी,
मेरो दरद न जाने कोय...

मुझे ताज्जुब नहीं हुआ। मीराबाई महिला हैं, तो उनका पक्ष लेंगी ही! लेकिन मेरी मदद को भी 'ढोर गँवार शूद्र पशु नारी' लिखने वाले कवि मौजूद थे :

तुलसी सीट न छोड़िये वनिताओं के हेतु!

लड़की फिर चुप हो गयी। तनिक ठहरकर उसने गाया :

नारी! तुम केवल श्रद्धा हो...

मैं बुरी तरह चौंका। मेरी ऊपर की साँस ऊपर और नीचे की नीचे रह गयी। हे भगवान! मैं जिस हिन्दी काव्य को इतने आदर से पढ़ता था, उसमें ऐसे-ऐसे आस्तीन के साँप कवि मौजूद हैं!

लड़की कुछ ऊँचे स्वर में गुनगुनाने लगी : *'नारी! तुम केवल श्रद्धा हो...'* और उसने मेरी सीट से अपनी टाँगें सटा दीं। मैंने जमकर बैठते हुए जल्दी-जल्दी सोचना शुरू किया। अचानक मेरे दिमाग़ में बिजली-सी चमकी। मैंने कहा, "वुमैन! दाई नेम इज़ फ्रेल्टी!"

वह तमककर बोली, "हिन्दी के हिमायती हो और अंग्रेज़ी का उद्धरण देते हो? शर्म नहीं आती?" मैं झेंप गया। उसने अपने पैर से मेरे पैर को पीछे खिसकाना शुरू किया। प्रतिरोध की चेष्टा करते हुए मैंने फिर स्मृति के पन्ने फड़फड़ाए...काम बन गया।... भारी गरजदार आवाज़ में मैंने पढ़ा :

हज़रते दाग़ जहाँ बैठ गये, बैठ गये।

उसने फिर भड़ककर कहा, "उर्दू का मिसरा कोट करते हो? तब उर्दू को वो जगह क्यों नहीं देते, जो उर्दू कन्वेंशन चाहता हैं?... हिन्दी में बोलो, वरना..."

सिद्धान्त की बात थी। मुझे सीट छोड़नी पड़ी।

लेकिन आम तौर से लोग मेरे जैसे पक्के नहीं होते और पहले ही धक्के में धराशायी हो जाते हैं। इसलिए इनकी सहूलियत के लिए कुछेक सुझाव दिये जाते है।

महिलाएँ कोने वाली सीट के बगल में खड़ी होती हैं, इसलिए सिरे पर बैठा हुआ बेचारा पुरुष बलिदान का बकरा बन जाता है। इस कारण अगर बीचवाली या खिड़की के पासवाली सीट ख़ाली हो, तो बस में चढ़ते समय आप वहीं पर बैठिए। मगर वे सीटें ख़ाली न हों और आपको कोने की सीट पर ही बैठना पड़े, तो महिला के बिल्कुल पास आकर खड़े होने के पीड़ा-भरे तथ्य को अपने चेहरे के भावों से तनिक भी प्रकट मत होने दीजिए और खिड़की की ओर देखते हुए बाहर के लुभावने दृश्यों में खो जाइए, "...वाह, कितनी अच्छी दुकान है? बिजली का खम्भा कितना सुन्दर है? साइकिल सवार कैसे पैडिल मार रहा है?..." अपने परिवेश से आप जितने अनासक्त एवं निर्विकार रह सकेंगे, सीट पर आपका क़ब्ज़ा उतना ही मज़बूत होगा...आमीन!

रेलवे टाइम-टेबुल

सितम्बर 30, 1965 मेरी ज़िन्दगी का एक ऐतिहासिक दिन है। इस रोज़ पहली बार मैंने रेलवे टाइमटेबुल खोला था, क्योंकि थोड़ी देर पहले एक दोस्त का तार मिला था, 'शादी। मुल्तानगंज। 14' यानी 14 तारीख़ को मुल्तानगंज में उसकी शादी हो रही है। शायद बहुत जल्दी में रहा होगा, वर्ना मेरे दोस्त जानते हैं कि मुझे बुलाने के लिए निमंत्रण के साथ-साथ ब्योरेवार यह भी लिखना होता है कि किस स्टेशन के कौन-से प्लेटफ़ॉर्म से किस नाम और रंग की गाड़ी पकड़नी है, डिब्बे में किस तरह घुसना है और कैसे सीट लेनी है, कुली को पैसे कितने देने हैं...ख़ैर! मैंने दफ़्तर में सब लोगों से पूछा, पर कोई नहीं बतला सका कि मुल्तानगंज कौन-सी ट्रेन जाती है। तब एक ने टाइमटेबुल देखने की सलाह दी।...

गोधूलि वेला थी। दिवस भर के थके-हारे पक्षीवृन्द अपने-अपने नीड़ों को लौट रहे थे। अँधेरा गहराने लगा था और वातावरण के कोलाहल में मन्दी आने लगी थी। ऐसे समय में एक युवक किसी ग्रन्थ का अवलोकन कर रहा है। आइए पाठकवृन्द! हम भी उसके पास चलें।...

टाइमटेबल में गुलाबी, सफेद, नीले और पीले पन्ने देखकर पल भर के लिए तो मैं चौंक गया। लगा कि पड़ोसी ने कहीं 'आवेश' का अंक तो नहीं थमा दिया, पर मालूम हुआ कि यह डर निराधार था।

रेलवे बोर्ड की सुरुचि-सम्पन्नता पर प्रसन्नता हुई। लगा कि सही समय पर मुल्तानगंज पहुँच जाऊँगा।

टाइमटेबुल और भूगोल का चोली-दा...नहीं, चूड़ीदार-कमीज़ का साथ है और अपनी भूगोल की जानकारी हमेशा दर्जा दो में पढ़े गये इस पाठ तक ही सीमित रही कि उगते सूरज के आगे खड़े होने पर सामने पूर्व, पीछे पश्चिम, बायें उत्तर और दायें दक्षिण रहता है, लेकिन जब टाइमटेबुल खोला, तो... मेरे सामने ईस्टर्न रेलवे, पीछे वेस्टर्न, बायें नॉर्दन और दायें सदर्न...ठीक।...लेकिन यह क्या? यह सेंट्रल रेलवे छक्-पक् कहाँ से? यह नॉर्थ-ईस्टर्न के एंजिन की रौशनी कैसी? यह साउथ सेंट्रल के गार्ड की लाल झंडी क्योंकर? ये नॉर्थ-ईस्ट फ्रंटियर और साउथ ईस्टर्न का शोर कैसा?...पहले मैं चौंका, फिर चकित हुआ, फिर परेशान। क्या जिस तरह देश में से दो देश और फिर प्रदेशों में से प्रदेश निकले हैं, उसी तरह क्या दिशाओं का भी बँटवारा हो गया है?

टाइमटेबुल में कुछ और अन्दर पैठने पर मालूम पड़ा कि अपना पसन्दीदा स्टेशन ढूँढ़ना रेगिस्तान में सूई ढूँढ़ने के बराबर है। मैं तो समझता था कि भीतर कहीं सीधा लिखा होगा–नयी दिल्ली से मुल्तानगंज जाने के लिए अमुक गाड़ी फलां वक़्त पर चलती है!...लेकिन यहाँ ऐसा कुछ नहीं था। कुछेक हिस्सों में सारे स्टेशन बँटे हुए थे। शुरू में टाइमटेबुल देखने का तरीक़ा भी पता नहीं था। भला यह भी कोई बात हुई! हर पाक-पुस्तक में हर व्यंजन के साथ बनाने की विधि स्पष्ट रूप से, विस्तारपूर्वक दी जाती है...कि चावल के आटे में घी का मोयन डेढ़ चम्मच डालें, फिर उसकी पूरी के जैसी लोई बना लें, फिर उसे गोलाकार रूप देकर तलती जाएँ, तलते समय पलटने की ज़रूरत नहीं है, फिर उसे प्लेट में रखें, किसी धातु के बर्तन में नहीं, कुछ ठंडा होने पर खाएँ वर्ना मुँह के जल जाने की आशका है...लेकिन यहाँ जैसे बस, सामग्री दी हुई थी–एक पाव चावल, तीन छटांक पिसी शक्कर,

एक पाव घी, एक अँगीठी...और बस! भला इतने से कोई चावल के मीठे अनरसे बना सकता है?

ख़ैर, खुदा का नाम लेकर एक बार फिर सारे पन्ने पलट डाले। जिस तरह अन्धे को उगते सूरज का धूमिल-सा आभास हो जाता है, उसी तरह मेरे सामने भी सफ़र की रूपरेखा झलकने लगी। पहले हिन्दुस्तान के सारे शहरों के नाम वर्णानुक्रम से दिये हुए थे। उसमें नयी दिल्ली ढूँढ़ी। उसके आगे किसी और विभाग के अन्तर्गत एक और पन्ने का नम्बर था। 'एस' तक पहुँचा। मालूम हुआ कि यहाँ से हर जगह को गाड़ी जाती है। बस, चन्द्रलोक और मुल्तानगंज का नाम नहीं था! अब? नाक इस तरह से पकड़ में नहीं आ रही। तो क्या उस तरह से देखूँ? चुनांचे इस बार मुल्तानगंज ढूँढ़ा। पता चला कि वहाँ के प्लेटफ़ॉर्म पर कई गाड़ियाँ आती है, दस-पन्द्रह मिनिट रुकने का अपना फ़र्ज़ पूरा करती हैं और चली जाती हैं। अब? कुछ देर तक ग़ौर करता रहा। यकायक दिमाग़ में बिजली-सी चमकी। हल मिल गया। नयी दिल्ली और 'मुल्तानगंज' शीर्षकों के नीचे अगर किसी एक गाड़ी का नाम समान मिल जाए, तो बस, वही मेरी सवारी है। अपनी बुद्धि पर मैं चमत्कृत हो उठा। लगा कि बेकार ही घबरा रहा था।...मगर जाना कि नहीं! बात इतनी आसान नहीं है। किसी नाम में समानता नहीं थी। अब? इसकी वजह क्या हो सकती है? काफ़ी देर सोचा। तरह-तरह से सोचा। पन्ने पलटता जाता था और सोचता जाता था। सोचता जाता था और पन्ने पलटता जाता था। यकायक फिर दिमाग़ में बिजली-सी कौंधी। बीच का स्टेशन!...यानी यहाँ से कहीं जाना है, फिर वहाँ से दूसरी गाड़ी पकड़नी है।...सीधी-सी बात है। ऐसा ही तो होता है।... लेकिन वह बीच का स्टेशन कैसे मिले? फिर पन्ने पलटे, लेकिन मुश्किल का कोई इलाज नहीं पाया। बार-बार सोचा और हर प्रकार सोचा, पर समस्या का कोई समाधान नहीं था। बीच के स्टेशनों की भी कोई सूची नहीं थी। मुख्य लाइनों की तालिका में भी मुल्तानगंज नहीं था।

अब? जाऊँ तो जाऊँ कहाँ? पाँच घंटे बीत चुके थे। मेरा मन गहरी खीज से भर उठा। यह रेलवे टाइमटेबुल पथ-प्रदर्शक है या भूल-भुलैया और मृगतृष्णा? सीधे स्टेशन पहुँचा और खिड़की पर जाकर बोला, "अपना यह टाइमटेबुल वापस ले लीजिए। बिल्कुल कंडम है!"

उसने झरोखे में से मुझे ऊपर से नीचे तक उतना देख लिया, जितना मैं नज़र आ सकता था, फिर पूछा, "क्यों साहब? क्या बात है?"

"इसमें मुझे अपना स्टेशन ही नहीं मिलता।"

उसने कुछ रुककर कहा, "आपको जाना कहाँ है?"

मैंने बतलाया। उसने टाइमटेबुल लेकर यहाँ-वहाँ से कुछ पन्ने पलटे। एक काग़ज़ पर कुछ लिखा, फिर उसे मेरे सामने बढ़ाकर कहा, "यह लीजिए।"

मैंने देखा, वह मेरे सफ़र की रूपरेखा थी–यहाँ से 29 अप पकड़कर गुंजनपुर, वहाँ से 31 डाउन से कुसुम नगर, वहाँ से 103 अप पुष्पक एक्सप्रेस से सुमित्तर नाका, वहाँ से पैसेंजर से भद्रपुर, फिर जनता से मुल्तानगंज।

मैं मुग्ध, अभिभूत, चमत्कृत हो उठा। मैंने श्रद्धा-भक्ति से क्लर्क को देखा–कितनी विलक्षण प्रतिभा है, जो इंक्वायरी के केबिन में सड़ रही है! शायर ने सच ही कहा है:

ज़माने ने खोए जवां कैसे-कैसे
ज़मीं खा गई आसमां कैसे-कैसे

मैंने नम्र स्वर में कहा, "भैया! यहाँ क्यों पड़े हो? अगर कोई रेलवे टाइमटेबुल कोचिंग इंस्टीट्यूट खोल लो, तो वारे-न्यारे हो जाएँ।"

29 अप के छूटने का समय 11:45 था, पर ग्यारह बजे स्टेशन पहुँचने पर मालूम हुआ कि 29 अप चली गयी। क्यों? वैस्टर्न टाइम-टेबुल के बाद लगा हुआ एक चिप्पीनुमा शुद्धि-पत्र दिखलाया गया,

जिसमें बहुत बारीक अक्षरों में 'ग़लत' शीर्षक के नीचे '11:45' और सही के नीचे '10:45' छपा था। ख़ैर, अगली गाड़ी से गुंजनपुर पहुँचा। टाइमटेबुल में 31 डाउन 5:15 पर आकर 5:20 पर छूटती थी। मैंने पूरा शुद्धि-पत्र चाट लिया और शहर घूमने चला गया। वापस आया, तो मालूम हुआ कि 31 डाउन चली गयी। क्यों? आज 1 अक्तूबर है और आज से समय 4:15 और 4:20 हो गया है। ख़ैर, अगले दिन कुसुमनगर पहुँचा। सोचा, अब प्लेटफ़ॉर्म से हिलूँगा भी नहीं। सुबह नौ बजे से दोपहर के दो बजे तक प्रतिमा की तरह स्थापित, 103 अप की प्रतीक्षा करता रहा। रेलें आती और जाती रहीं। हारकर पूछा, तो मालूम हुआ कि निकल गयी। कहाँ से? टाइमटेबुल का एक फुटनोट दिखलाते हुए बतलाया कि 81 अप एयरकंडीशंड एक्सप्रेस हावड़ा से चलती है और मुगलसराय व नयी दिल्ली के बीच में 81 अप के अलावा 103 अप नाम से भी जानी जाती है। ख़ैर, अगले दिन सुमित्तर नाका पहुँचा, लेकिन ..."हिन्दुस्तान में तीन भद्रपुर हैं जनाब! आपका मतलब कौर-से भद्रपुर से है? सेंट्रल रेलवे का, नॉर्दन का या नॉर्थ-ईस्टर्न का?"

"वहीं, जो मुल्तानगंज के पास है।"

स्टेशन मास्टर ने ऊपर से नीचे तक देखकर कहा, "आप कहाँ रहते हैं, मिस्टर! मुल्तानगंज अब पाकिस्तान में है।"

इसके बाद मुझे रेलवे टाइमटेबुल से चिढ़ हो गयी। यह कितना बड़ा राष्ट्रव्यापी धोखा है, जो खुलेआम देश की जनता को दिया जा रहा है! जो टाइमटेबुल के सहारे सफ़र करता है, वह कितना 'सफ़र' करता है! कितने लोग हैं, जो स्टेशन से स्टेशन और गाड़ी से गाड़ी टाइम-टेबुल लिये भटक रहे हैं। मेरी यह मान्यता है कि जो अपने घर टाइमटेबुल रखते हैं, वे एक खुशफ़हमी में ज़िन्दा हैं और जो बाहर लिए घूमते हैं, वे बेकार ही दूसरों को आतंकित करना चाहते हैं। रेलवे बोर्ड को भी अपने इस प्रकाशन की व्यर्थता की जानकारी है, तभी तो यह पहली अप्रैल को बाज़ार में आता है।

अब इसे विधि के विधान के अलावा और क्या कहा जाएगा कि अब मेरी पत्नी पहली बार मेरे घर में आयी तो उसके हाथ में मखमली जिल्द में मढ़ा हुआ रेलवे टाइमटेबुल था। धीरे-धीरे जाना कि यह उसकी साधना भी है और सिद्धि भी। जिस भाव से लोग 'रामायण' बाँचते हैं, उसी भाव से वह टाइमटेबुल का पाठ करती है। जल्दी ही उसके ज्ञान से कस्तूरी के समान सारा मुहल्ला महकने लगा। अब आलम यह है कि पड़ोस का पप्पू रात को दो बजे हमारा दरवाज़ा पीटकर पूछता है, "आंटी! हमारे यहाँ तार आया है। पापा को कोचीन हार्बर टर्मिनल जाना है। क्या दक्षिण एक्सप्रेस से..."

बीवी कुनमुनाकर दायीं से बायीं करवट बदलती है और अर्धसुप्त अवस्था में ही बुदबुदाती है, "नहीं, वो तो ट्राइ-वीकली है, आज नहीं जाती। अभी थोड़ी देर बाद जनता एक्सप्रेस पकड़ लें। कल वो मद्रास सेंट्रल पहुँचाएगी। वहाँ से आइलैंड एक्सप्रेस मिलेगी पन्द्रह-पच्चीस पर!"

"जल्दी में खाना नहीं बन पाएगा, तो क्या...?"

"डाइनिंग कार लगती है।"

आप कहीं मिलने-विलने जाते हैं, तो घर के बच्चों को आपके सामने लाया जाता है। वह कोई कविता पढ़कर या गाना गाकर सुना देता है। आप शाबासी से उसकी पीठ सहला देते हैं और रस्म पूरी हो जाती है। अब ज़रा एक नज़र हमारे घर की तरफ़ देखिए, जब बीवी गार्ड रूपी मेहमान को चुनौती देती है, "खन्ना साहब! आप पप्पू (पड़ोस का नहीं, हमारा) से रेलों के बारे में कुछ पूछकर देखिए!"/ खन्ना साहब चौंकते हैं। फिर सोचकर पूछते हैं, "अच्छे बेटे, बताओ, दिल्ली से डिब्रूगढ़ जाना हो, तो कौन-सी ट्रेन पकड़ें?"/तपाक से जवाब मिलता है, "सुबह 5:45 पर 86 मेल पकड़ लीजिए।"/"बीच में बड़े स्टेशन कौन-से पड़ते हैं?"/ "लखनऊ, गोरखपुर, बरौनी, सिलिगुड़ी, दीर्जिलिंग।"/ दो मिनिट सोचकर मेहमान फिर पूछते हैं, "अच्छा मुझे नागपुर से वर्धा जाना है, तो मैं कलकत्ता मेल में बैठ

जाऊँ?''/पप्पू दो पल सोचकर चेतावनी देता है, ''नहीं, अंकिल! आप उतार दिये जाएंगे।''/ ''क्यों?''/ ''दूरी तीन सौ किलोमीटर से कम है।/ विराम/''अच्छा बेटा, मैं सांची का स्तूप देखना चाहता हूँ, लेकिन बैठ गया हूँ 22 अप में, जो वहाँ नहीं रुकती, तो क्या करूँ?''/ ''आपके पास टिकट किस क्लास का है?''/ ''फ़र्स्ट का।''/ ''बैठे कहाँ से हैं?''/ ''क्यों?''/ ''अगर दूरी एक सौ इकसठ किलोमीटर से ज़्यादा है, तो बीना या सांची के स्टेशन मास्टर को पहले से अर्ज़ी देने पर ट्रेन रुक जाएगी।''/ मेहमान उछलकर कहते हैं, ''शाबास बेटे, शाब्बास!'' फिर मेरी ओर मुड़ते हैं, '' बच्चे का भविष्य उज्ज्वल है।'' मैं कुढ़कर कहता हूँ, ''क्या ख़ाक उज्ज्वल है? ज़्यादा से ज़्यादा झूमरी तलैया का स्टेशन मास्टर हो जाएगा।''

नया बजट खुलते समय जो गरमागरमी रहमी है, उसका थोड़ा-बहुत तजरुबा आपको होगा ही। हमारे यहाँ यही नज़ारा नया रेलवे टाइमटेबुल लागू होने पर होता है। जिस तरह दो देशों के नेता जब मिलते हैं, तो सालों पुराने सम्बन्धों का सिंहावलोकन करते हुए नयी राजनीतिक परिस्थितियों के सन्दर्भ में पारस्परिक हितों का लेखा-जोखा लगाते हैं, उसी तरह हमारे यहाँ भी नयी तब्दीलियों की रौशनी में पुरानी जानकारी को एडजस्ट किया जाता है।...''अच्छा, अब जी.टी. बबीना पर भी रुकने लगी!''... ''सिकन्दराबाद-बम्बई एक्सप्रेस अब सोमवार की जगह बुधवार को चला करेगी!''...''पंजाब मेल की आमद 10:40 की बजाय 15:55 हो गयी!''... ''थर्ड क्लास ए.सी. चेयरकार सर्विस अब 95 डाउन में भी मिलने लगी!''

समाज साहित्य का दर्पण है!...नामों के उपनामों और छद्म नामों की धाँधली रेलने-समाज में भी चलती है। जिस तरह पटना निवासियों के

लिए एक व्यक्ति केदारनाथ मिश्र है, लेकिन हिन्दी समाज के लिए नागार्जुन और मैथिली पाठक के लिए यात्री, उसी तरह मद्रास सेंट्रल से नयी दिल्ली के बीच चलने वाली आम जनता के लिए एयर-कंडीशंड एक्सप्रेस है, पर मद्रास वालों के लिए 15 डाउन और दिल्ली वालों के लिए 16 अप। जैसे राज्यसभा को जाते समय डॉ. बच्चन संसद सदस्य हो जाते हैं वैसे ही बम्बई वी.टी. से हावड़ा को जाते समय एयरकंडीशंड एक्सप्रेस 96 अप हो जाती है। जिस प्रकार 'दिनमान' के दफ़्तर से लौटते हुए सम्पादन सच्चिदानंद वात्स्यायन 'अज्ञेय' हो जाते हैं, उसी प्रकार मद्रास से वी.टी. को आनेवाली गाड़ी 97 डाउन हो जाती है। जिस तरह ख़्वाज़ा अहमद अब्बास लेखकों के बीच में फ़िल्म निर्देशक, फ़िल्म निर्देशकों के बीच में लेखक और दोनों के बीच में पत्रकार हैं, उसी तरह एक ट्रेन बम्बई वालों के लिए 301 डाउन, पूना-वालों के लिए 302 अप और सबके लिए डैक्कन क्वीन है!

इसलिए अब मैं पत्रिकाएँ नहीं पढ़ता, रेलवे टाइमटेबुल ही पढ़ता हूँ! इससे मनोरंजन भी होता है और जानकारी भी बढ़ती है। मिसाल के लिए पहला पन्ना खोलते ही मालूम हो जाता है कि अलग-अलग मंत्रालयों के बीच मतैक्य नहीं है, जैसे तिकोन का मतलब तन्दुरुस्ती वाले मंत्रालयों में तो परिवार नियोजन है, लेकिन रेलवे बोर्ड द्वारा छापे गये रेलवे टाइमटेबुल के संक्षिप्त रूपों की सूची के मुताबिक तिकोन का तात्पर्य है- वाटरकूलर! यानी जिस स्टेशन के नाम के साथ यह निशान हो, वहाँ वाटरकूलर है...मान लीजिए, दो साल की बेकारी के बाद गोपीनाथ इंटरव्यू देने के लिए लखनऊ से इटावा जा रहे हैं, तो शायद वे अपना जाना रोक देंगे, अगर उन्हें मालूम पड़ेगा कि स्टेशन पर ठंडा पानी पीने को नहीं मिलेगा! इसी तरह 'आर' (रेस्टोरेंट) के पहले तारे के चिन्ह का होना या न होना इस बात का सूचक है कि

उसकी व्यवस्था क्रमशः विभागीय या किसी ठेकेदार के सुपुर्द है–यानी यह सूचना भी हज़ारों-लाखों मुसाफ़िरों के सफ़र के इरादे को प्रभावित करती है!

लेकिन मेरे लिए वे सूचनाएँ ज्यादा दिलचस्प हैं, जो अपने हिन्दुस्तान के बारे में टाइमटेबुल अप्रत्यक्ष रूप से देता है। जैसे...क्योंकि उम्मीद पर दुनिया कायम है, इसलिए एक स्टेशन का नाम 'उम्मीद' होने में क्या हर्ज़ है? अगर दिन के नाम पर एक स्टेशन 'इतवारी' है, तो मौसम के अनुसार दूसरा 'बरसात'। जनता-जनार्दन की संगीतप्रियता एक जगह के 'जैजैवन्ती' नाम से प्रकट होती है और कलाप्रियता का उदाहरण है 'श्रीपति श्रीखंड'! (जैसा कि इतिहास की पुस्तकों में मिलता है, इस विशेष खाद्य पदार्थ की असाधारण लोकप्रियता के कारण इस स्थान का नाम पहले 'श्रीखंड' था। फिर बाद में यहाँ श्रीपत जी के चित्रों की प्रदर्शनी हुई, जिसे अद्‌भुत सफलता मिली। अब घर-घर में उनके बनाए हुए चित्र पाए जाते हैं) क्योंकि मोरारजी भाई अभी तक रेलमंत्री नहीं बने, इसलिए एक रेलवे स्टेशन का नाम 'मदिरा' चला आ रहा है और एक का 'नीरा'। काश! चाउएनलाई भारत के प्रधानमंत्री होते, तो कोरिया और बाली पर यह कहकर हमला कर देते कि क्योंकि इन दोनों नामों के स्टेशन हमारे यहाँ हैं, इसलिए इन देशों पर भी हमारा हक़ है! मगर हिन्दुस्तान की उदार दृष्टि अपने-पराए में भेद नहीं करती। अगर एक बहादुर के नाम पर 'शिवाजी नगर' है तो दूसरे के नाम पर 'छाक सिकन्दर'। जब हिन्दी फ़िल्मों में दिल का इतना रोना रोया जाता है, तो एक स्टेशन का नाम 'एक दिल' होने पर क्या ताज्जुब और देश की प्रगति-रूपी साइकिल का टायर बर्स्ट हो जाने पर एक स्टेशन का नाम 'पंचर' होने में क्या हैरानी? जनता की राजनीतिक चेतना इसी बात से ज़ाहिर है कि हमारे यहाँ एक जगह का नाम 'मोर्दाद' ('मुर्दाबाद' का संक्षिप्त) मिलता है!

---

* बच्चों का खेल।

अपने-अपने पप्पू

जिस तरह शादी करने का अधिकार सबको है, उसी तरह इस बारे में भी दो राय नहीं हो सकतीं कि पप्पू पैदा करने का हक़ भी सबको है। पर जिस तरह शादी रोज़मर्रा की बात है, उसी तरह पप्पुओं की पैदाइश भी आए दिन का ज़िक्र है, लेकिन अक्सर नये-नवेले दम्पती के जीवन रूपी आकाश पर पप्पू रूपी तूफ़ान इस तरह छा जाता है कि...लगता है कि मिर्ज़ा ग़ालिब ने यह शे'र उमराव बेगम के द्वारा पहले बेटे को जन्म दिये जाने पर ही कहा होगाः

वो आये हमारे घर, ये खुदा की कुदरत है
कभी हम उनको, कभी अपने घर को देखते हैं

एक मियाँ-बीवी अपने बेटे करे खुदा की कुदरत समझें, मुझे इससे इनकार नहीं है। मुझे इससे भी एतराज़ नहीं है कि वे बारी-बारी से उसे एक-दूसरे को दिखाये, लेकिन तकलीफ़ तब पैदा होती है, जब वे उसे ज़बर्दस्ती हमें दिखाने लगते हैं—सिर्फ़ इतनी-सी बात पर कि हमने उनके पड़ोसी या दोस्त होने का गुनाह किया है। पति तो फिर भी एक हद तक ही इस मर्ज़ के मरीज़ पाए जाते हैं, लेकिन पता नहीं, कुछ लड़कियों को क्यों इस बात की ग़लतफ़हमी हो जाती है कि उनका जो फूले-फूले, लाल-लाल गालोंवाला लाल है, वह हर नुक्ता-ओ-निगाह से बेमिसाल है?

इस बात की पूरी सम्भावना है कि थोड़ी खोज करने के बाद मालूम पड़े कि मिर्ज़ा ग़ालिब के गली क़ासिमजान के मकान की दायीं या बायीं तरफ़ कोई नौजवान रौशन या अल्ताफ़ रहता था। उसकी ज़ोहराज़बीं या माहे-तलअत बीवी रोज़ाना, बिना नागा किये, अपने मुन्ने मियाँ को गोद में लिए 'चची' उमराव से मिलने चली आती थी और बेतकल्लुफ़ मिर्ज़ा को भी हस्बेमामूल, बेटे के बारे में सुना-सुनाकर, बोर किया करती थी। इस पर तंग आकर ही मिर्ज़ा ने यह अशआर क़लमबन्द किया था:

बाज़ीचा-ए-अत्फाल है दुनिया मेरे आगे*
होता है शबो-रोज़ तमाशा मेरे आगे

"देखिए, मुझे लगता है कि इसकी नाक हू-ब-हू मुझ पर गयी है, लेकिन ये कहते हैं कि नहीं। आँखें अलबत्ता इन्हीं के जैसी हैं, इससे मैं इनकार नहीं करती, लेकिन नाक की बनावट बिल्कुल मेरे जैसी है। माँ भी यही कहती हैं, दीदी भी यही कहती है।...खन्ना साब, मीरा जी, कुलभूषण...सब यही मानते हैं, मगर ये हैं कि... अच्छा आप बतलाइए?

अब...कोई बतलाओ कि हम बतलाएँ क्या? साफ़-साफ़ कैसे कह दें कि देखिए, इसकी नाक चाहे आपसे मिलती हो, चाहे शूर्पणखा से, हमारे लिए कोई बुनियादी फ़र्क़ नहीं पड़ता–और न इसके लिए पड़ता है! लेकिन वे हैं कि अपने मातृत्व के आवेग में एकदम खुली बोतल से सोडे की तरह उफनी जा रही हैं, तो पुरानी दोस्ती का ख़याल करके मुझे उस छोटी-सी, पें-पें करती हुई चीज़ की तथाकथित नाक को ध्यान से देखने की ऐक्टिंग करनी ही पड़ती हैं। निरीक्षण, परीक्षण और सर्वेक्षण में मुझे सुविधा हो, इसलिए वे एकदम धप्प-से उसे मेरी गोद में प्रतिष्ठित कर देती हैं—बिना मेरी सुरक्षा का विचार किये, और मेरी ओर ऐसे देखने लगती हैं, जैसे ज़िंदगी और मौत का फ़ैसला होने वाला हो।

काश! वे, और उन जैसी सब, इस जन्म में जान पातीं कि मेरा, और मुझ जैसे सबों का, ध्यान उन छत्तीस सेकंडों में नासिका की सापेक्षिक समानता पर नहीं, बल्कि सू-सू की घनघोर सम्भावना पर होता है!

लेकिन वे यह कभी नहीं जानेंगी, क्योंकि उनके लिए सारा संसार पप्पूमय है। आइसक्रीम वाले नीच हैं, क्योंकि पप्पू के जुकाम के दौरान ज़ोर-ज़ोर-से आवाज़ें लगाते हैं। निर्देशक खराब है, जो फ़िल्म में डरावने मंज़र डाल देता है, ताकि पप्पू वहीं रोना शुरू कर दे। वे सभी प्रोग्राम कभी क़ामयाब न हों, जिनके कार्डों में नीचे लिखा रहता है कि मेहरबानी करके बच्चों को साथ मत लाइए। चौराहे का सिपाही लापरवाह है, जो पप्पू के अकेले सड़क पार करते समय दोनों ओर का ट्रैफ़िक रोक नहीं देता। उस रेस्तरां के मालिक पर जुर्माना होना चाहिए, जो हर मेज़ के साथ एक ऊँची कुर्सी नहीं रखता। बस में बैठे लोग निर्मम पाषाण हैं, जो पप्पू के लिए सीट नहीं छोड़ते। भारत सरकार के मन में ललित कलाओं के रचनाकारों के लिए सच्चा आदर नहीं है, क्योंकि वह सुन्दर बच्चे पैदा करनेवालों को 'पद्मश्री' नहीं देती...वग़ैरह-वग़ैरह।

पप्पू की छोटी-सी ज़िन्दगानी के सारे ब्योरे उनकी ज़ुबान की नोक पर हैं—और हम सबके कानों के किनारों पर! जैसा कि पता ही है, 13 जनवरी 1960 की रात के दस बजकर तैंतीस मिनट और इक्कीस सेकंड पर श्री पप्पू इस असार संसार के जीवन नर्सिंग होम के पाँच नम्बर कमरे में प्रकट हुए थे। जन्म के समय उनका वज़न दो पौंड था। पप्पू ने लगभग सात महीने की आयु में, 9 अगस्त, 1960 को पहली बार उन्हें 'मम्मा' कहा था। जैसा कि हम सब जानते ही हैं, पप्पू का पहला दाँत करीब ग्यारह महीने की उम्र में, यानी 19 दिसम्बर, 1960 को निकला था। हालाँकि आप उनकी बहुत पुरानी सहेली हैं, पर आपकी शादी में वे लखनऊ नहीं जा सकी थीं, क्योंकि पप्पू को फ़्लू हो गया था।

16 जुलाई 1965 को पप्पू पहली बार स्कूल गये थे। जैसा कि हम सबको ज्ञात है, पप्पू को बैंगन का भर्ता बहुत पसन्द है और आलू का रायता भी। कैडबरी की चॉकलेट, पैरी के लेमनड्रॉप और ब्लांडी के कॉमिकों पर वह जान छिड़कता है। पप्पू के माथे पर जो चोट का निशान है, वह दो साल पहले के नौकर रामू–खुदा उसे ग़ारत करे–की लापरवाही की वज़ह से लगा था और एक बार सड़क पार करते समय ट्रक के नीचे आते-आते उसे एक बूढ़े सज्जन–ईश्वर उनकी आयु लम्बी करे– ने बचाया था। पप्पू के दायें हाथ की बीच की उँगली के अगले सिरे पर जो कटने का निशान है, वह...पप्पू के बाप हद दर्ज़े के लापरवाह हैं। शेव करके ब्लेड स्टूल पर, पप्पू की पहुँच के भीतर, छोड़ दिया था। "उधर वे तौलिया कन्धे पर डाले गुसलखाने में घुसे, इधर इसने ब्लेड उठाकर उससे खेलना शुरू कर दिया। मैं किचन में सब्जी देख रही थी। मुझे क्या ख़बर कि... वो तो एकदम इसकी चीख़ से मैं बाहर निकली, तो देखती हूँ कि..." जैसा कि हम सबको विदित ही है, 14 नवम्बर, 1963 को, जिस दिन प्रेसीडेंट कैनेडी की...नहीं, जिस दिन यह दुर्घटना हुई थी, उसी दिन प्रेसीडेंट कैनेडी की हत्या 'भी' हुई थी!

अगर पप्पू सामने है, तो 'गुड इवनिंग, अंकल' के साथ शेकहैंड करना होता है, 'हंप्टी-डंप्टी सैट ऑन ए वॉल' सुनना पड़ता है; पप्पू ने किस तरह आज नीचे वालें के बंटी को गिरा दिया और ऊपर वालों के गुल्लू की गेंद छीन ली, यह भी जानना होता है। पप्पू आगे चलकर कितना तेज़ निकलेगा, यह इसी बात से ज़ाहिर है कि अपने स्कूल के नाटक में राजा के पीछे पंखा हिलाने की 'महत्वपूर्ण' भूमिका उसे सौंपी गयी है। "अच्छा, ज़रा अन्दाज़ा तो लगाइए, बड़े होने पर इसका क़द कितना होगा? क्या अपने पापा के जितना ही?...यह तो ठीक नहीं। उस लम्बाई के हिसाब से तो यह दुबला रहेगा। पता नहीं क्या बात है, इसकी 'ग्रोथ' ठीक नहीं हो रही। ढेर सारे विटामिन देती हूँ रोज़ाना तरह का 'नरिशमेंट'... मगर मालूम नहीं, किसकी नज़र अलग गयी है कि..."

अगर पप्पू सामने नहीं है तो उन्हें लगातार यही फ़िक्र रहती है कि पता नहीं पप्पू स्कूल से लौटा भी होगा या नहीं, लौटा होगा तो नौकर ने उसे दूध दिया भी होगा या नहीं, दिया होगा तो पता नहीं उसने पिया भी होगा या नहीं, पिया होगा तो पता नहीं वह गर्म भी होगा या नहीं, गर्म होगा तो पता नहीं वह ज़्यादा गर्म हो, अगर पप्पू की जीभ जल गयी होगी तो पता नहीं नौकर ने उसे पुचकारा भी होगा या नहीं, पुचकार कर खाने की ठंडी चीज दी भी होगी या नहीं, दी होगी तो पता नहीं उसने ली भी होगी या नहीं, क्योंकि पप्पू कुछ भी नहीं खा पाता, जब तक उसके सामने 'अपने वाली' मम्मी न हो, इसलिए अब उन्हें चलना चाहिए...

होशो-हवास, ताबो-तवां 'दाग़' जा चुके
अब हम भी जानेवाले हैं, सामान तो गया

आगे चलकर पप्पू क्या बने?

इंजीनियर? बेचारे दर-दर भटक रहे हैं। डॉक्टर? अब गांवों में भी गुंजाइश नहीं। वकील? तौबा! फौज? सोचने से ही दिल काँपने लगता है? लेक्चरर? तनख़्वाह कम है। पुलिस? आदमी मक्कार बन जाता है। सरकारी अफ़सर? आदमी मशीन बन जाता है। नेता? अगले सौ सालों तक उनकी ज़रूरत नहीं पड़ेगी। दुकानदार? इज़्जत नहीं होती। व्यापारी? चौबीस घंटे चिन्ता।

तब फिर?

वियतनाम में क्या होगा? चीन के अणु बम बना लेने के बाद दुनिया का क्या होगा? सन् 72 के आम चुनाव के बाद कांग्रेस का क्या होगा? हिन्दुस्तान का क्या होगा? आगे चलकर पप्पू क्या बने?

ज़ाहिद शराब पीने दे मस्जिद में बैठकर
या वो जगह बता दे जहाँ पर खुदा न हो

क्या ज़ाहिद वह जगह बतला पाया? नहीं। इसी तरह हम भी वह बात नहीं बतला सकते, जिसमें पप्पू की चर्चा न हो। पप्पू वह निराकार ब्रह्म है, जो हर जगह विद्यमान है। सारे संसार-चक्र के मूल में पप्पू है। प्रकृति के सभी जड़ और चेतन पदार्थो में पप्पू ही प्रतिबिम्बित हो रहा है। पप्पू वह साधनहीन हठयोग-पद्धति है, जिसने जन्म लेते ही उनकी कुंडलिनी को जाग्रत कर उसे शीर्षस्थ सहस्त्रार चक्र तक पहुँचा दिया है और ब्रह्मरन्ध्र के खुल जाने से अब निरन्तर अमृत-रस झर रहा है।

बस, बह हमें न चखाया जाए।

हिन्दी साहित्य में सन्नाटा
उर्फ़ रचनाकारों द्वारा मकानों की रचना

हिन्दी के विरोधी आजकल हिन्दी के बारे में तरह-तरह की ग़लत अफ़वाहें फैला रहे हैं। एक कहते हैं, "हिन्दी के साहित्यिक क्षेत्र में इन दिनों कोई हलचल नहीं है।" दूसरे फ़रमाते हैं, "साहित्यिक दृश्य में ठहराव आ गया है। न रचना होती है, न रचना पर प्रतिक्रिया होती है।"

यह सारा प्रचार शरारत भरा है। सच्चाई यह है कि हिन्दी के रचनाकार इस समय जितने मनोयोग से रचनालीन हैं, उतने पहले कभी नहीं थे। वे जीवन के स्थायी, शाश्वत् और चिरन्तन मूल्यों की उपलब्धि के लिए प्रयत्नशील हैं। वे ज़िन्दगी के आधारभूत सत्य को पाने का प्रयास कर रहे हैं। वे ठोस धरती पर खड़े होकर आत्मसाक्षात्कार और आत्माभिव्यक्ति के आकांक्षी हैं। आत्मान्वेषण के लिए यह आवश्यक है कि जितनी ज़मीन पर आप खड़े हों, उस पर आपका अपना अधिकार हो–वर्ना वह ठोस नहीं रह सकती। ज़िन्दगी की इस बुनियादी सच्चाई को समझने के बाद यह मानने में कोई कठिनाई नहीं होनी चाहिए कि किराये के मकान में किया जानेवाला लेखन निर्देशों और दबावों का लेखन होता है। इन दिनों जिस तरह हिन्दी लेखकों के मकान बनने की सूचनाएँ आ रही हैं, उससे साहित्य के उज्ज्वल भविष्य पर आस्था होती है।

जैसाकि हिन्दी साहित्य के इतिहास-ग्रन्थों के अवलोकन से विदित होता है, पुरानी पीढ़ी के बहुत सारे रचनाकारों ने मकानों की रचना कर ली है, जैसे डॉ. हजारीप्रसाद द्विवेदी, रामकुमार वर्मा, यशपाल, भगवती बाबू, जैनेन्द्र, महादेवी, स्व. गुप्त जी, स्व. वृन्दावनलाल वर्मा, अश्क़ इत्यादि। बीच की पीढ़ी के तमाम लेखक भी मकान-मालिक के रूप में साहित्य-संसार में ख्याति अर्जित कर चुके हैं, उदाहरणस्वरूप अमृतराय, रघुवंश, जगदीश गुप्त, कुँवरनारायण, बालकृष्ण राव, रामस्वरूप चतुर्वेदी, डॉ. भारती, शिवप्रसाद सिंह वग़ैरह। नयी पीढ़ी के कुछेक प्रतिभाशाली साहित्यिकों के द्वारा निकट भविष्य में ही भवन-निर्माण की आशा है, यथा, जगदीश चतुर्वेदी, रवीन्द्र कालिया, गंगाप्रसाद विमल, सौमित्र मोहन, प्रयाग शुक्ल आदि। एक साहित्यिक ज्योतिषी का कहना है कि सर्वेश्वरदयाल सक्सेना, मनोहरश्याम जोशी, रमेश बक्षी, मार्कण्डेय, राजेन्द्र अवस्थी, राजेन्द्र यादव और डॉ. नामवर सिंह के मकान निकट भविष्य में ही बन जायेंगे। साथ ही साहित्य अकादेमी के एक प्रवक्ता ने बतलाया है कि शीघ्र ही नेमि जी, भारतभूषण अग्रवाल, डॉ. माचवे डॉ. बच्चन, डॉ. सुरेश अवस्थी और डॉ. लाल के मकानों का शिलान्यास होने वाला है। इसके अलावा कुछ लेखकों की गतिविधियों से इस बात के अप्रत्यक्ष संकेत मिले हैं कि वे घर बनाने की योजना बना रहे हैं। मसलन, रघुवीर सहाय को एक बार सीमेंट की क़ीमत के बारे में पूछताछ करते हुए सुना गया है। श्रीकान्त वर्मा ने अनजाने ही अपने को यह कहकर कमिट कर लिया है कि वे मुद्दत से नॉर्थ एवेन्यू में रहते-रहते ऊब गये हैं, राकेश को एक बार फ़ाइन आर्ट्स थियेटर में एक बड़े ठेकेदार से हाथ मिलाते हुए देखा गया है और कमलेश्वर किसी इंटीरियर डेकोरेटर्स से बतचीत करते हुए रंगेहाथों पकड़े गये हैं।

फ़िल्मी प्रेस रिपोर्टर का आये दिन का एक तजरुबा है। जब भी किसी हीरोइन की किसी हीरो से रोमांस की अफ़वाह उड़ती है, तो वह फ़ौरन

बलपूर्वक उसका खण्डन कर देती है। इस घटना के एक महीने बाद रिपोर्टर को सुबह की डाक से एक बड़ा-सा रंगीन लिफ़ाफ़ा मिलता है, जिसमें लिखा होता है कि उसी हीरोइन की उसी हीरो से शादी के उपलक्ष्य में आज रात को ताजमहल में दिये जानेवाले डिनर में शामिल होने की कृपा करें।

अपने भवन-निर्माण के प्रति हिन्दी लेखकों का भी ऐसा ही रुख है। आप किसी से पूछिए, सुना है, "आपका मकान बन रहा है?" वहाँ फ़ौरन भड़क उठेगा, "दुश्मन मुझे बदनाम कर रहे हैं, मेरी इमेज बिगाड़ने की कोशिश कर रहे हैं।" और एक महीने बाद आपको सुबह की डाक से उसी लेखक का निमन्त्रण-पत्र मिलता है कि कल सुबह आठ बजे फलां नम्बर पर वेस्ट पटेल नगर में गृह-प्रवेश के अवसर पर पधारकर अनुगृहीत करें।

'कबिरा खड़ा बज़ार में, लिए लुकाठी हाथ'—शताब्दियों से हमारे सामने कवि का ऐसा आदर्श इमेज रहा है। इसलिए स्वाभाविक है कि आज के रचनाकार को अपने भवन-निर्माण की खुले आम घोषणा करते हुए संकोच होता है। कबीर की अपनी खुद की 'कबीर-कुटीर' नहीं थी। इसलिए वे बाज़ार में जाकर पंडित और मौलवी को निमित्त बनाते हुए अपने मन की भड़ास निकालने लगे। ज़ाहिर है, जिसका व्यक्तिगत मकान नहीं होता, वह बग़ावत 'एफोर्ड' कर सकता हैं, फ़ैज़ के—

बोल कि लब आज़ाद हैं तेरे
बोल ज़बां अब भी तेरी है

पर अमल करते हुए बायें, दायें ऊपर और नीचे के चारों पड़ोसियों से मज़े में गाली-गलौज कर सकता है, मकान-मालिक का कॉलर पकड़ सकता है, क्योंकि जानता है कि सन्तनगर से कीर्तिनगर चले जायेंगे, कीर्तिनगर से रमेश नगर और रमेश नगर से काका नगर...लेकिन जिस

लेखक का अपना खुद का मकान है, वह विद्रोह करके कहाँ जाएगा? ...*'मुकाम फ़ैज़ कोई राह में जंचा ही नहीं!'* इसलिए पड़ोसियों से वह नम्रता से पेश आता है और साहित्य में शिष्टता से रचना करता है।

वस्तुतः मकानानुभूति आधारभूत और केन्द्रीय है। वह लेखक के पूरे रचना-संसार में तरंगायित होती है। कुँवरनारायण का निजी मकान है और वह भी बहुत सुन्दर, लेकिन कभी न कभी उससे वियोग होगा हीः

घर रहेंगे, हमीं उनमें रह न पायेंगे
वक़्त होगा, हम अचानक बीत जायेंगे

इसीलिए उनके काव्य की प्रमुख प्रवृत्ति सुख में भी दुःख की अनुभूति होते हुए भी न होने का अहसास है। जगदीश चतुर्वेदी की मूल भाव-धारा सघन अन्तर्द्वन्द्व और गाली-गुफ्तार की केवल इसीलिए बनी, क्योंकि किराया न देने की वजह से ('मैंने डरते हुए, मकान के पास से गुज़रना छोड़ दिया है।') मकान-मालिक से उनके सम्बन्ध बिगड़ गये। इसी तरह दूधनाथ सिंह के काव्य का संत्रास वस्तुतः मकान मालिक का संत्रास हैः

वह मकान-मालिक,
रोज़-रोज़ आता
—तो पत्थर की दीवारों को पसीना छूट जाता।

इसी प्रकार अशोक वाजपेयी के काव्य की बेफ़िक्री सही मानों में उस सरकारी अफ़सर की बेफ़िक्री है, जिसे तबादले पर कहीं भी पहुँचते ही मकान धुला-धुलाया मिलता है :

घर हैं और बेहिसाब हैं।

राजनीतिशास्त्र के विद्यार्थी जानते हैं कि अधिकार और कर्त्तव्य एक ही सिक्के के दो पहलू होते हैं। इसी तरह साहित्य के मर्मज्ञों को भी अब

यह मान लेना चाहिए कि मकान और साहित्य भी समान सिक्के के दो पहलुओं का नाम है। 'हिन्दी साहित्य-कोश' की 'मकान' (!) शीर्षक टिप्पणी में लिखा है, "मकान वह सिद्धि है, जिसकी उपलब्धि के लिए साहित्यरूपी साधना की जाती है। मकान बनवाने की प्रक्रिया में लेखक को जिस रंजो-ग़म से गुज़रना पड़ता है, उसे 'तजुर्बातो-हवादिस' कहते हैं। साहित्य एक ओर इस लक्ष्य, मूल्य और जीवनगत सार्थकता की प्राप्ति का माध्यम है, तो दूसरी ओर इस हेतु झेले, भोगे और भुनाये गये यथार्थ को व्यक्त करने का मंच..." बकौल साहिर :

दुनिया ने तजुर्बातोहवादिस की शक्ल में
जो कुछ मुझे दिया है वो लौटा रहा हूँ मैं

लौटाने का मलतब?...चित्रलेखा मेरी भाग्य-लक्ष्मी है। मेरे जीवन का हर मोड़ इसका साक्षी है। यह स्वीकार करने के बाद भगवती बाबू ने अपने बंगले का नाम 'चित्रलेखा' रखा।

अपनी-अपनी भाग्य-लक्ष्मी की पहचान अब हर लेखक की दूरदर्शिता का प्रमाण होगी, क्योंकि लेखक-संख्या के दिन दूने रात चौगुने बढ़ते जाने के कारण हिन्दी साहित्य में बहुत जल्दी वह समय आने वाला है, जब इतिहास-ग्रन्थों में एक लेखक की केवल एक प्रतिनिधि रचना का उल्लेख होगा। समाजवादी भारत में साहित्य-मंत्रालय के अफ़सर रचना में व्यक्त अनुभव-खंडों की प्रामाणिकता का साक्ष्य लेखक के व्यक्तिगत जीवन में खोजेंगे—और इसका सबसे बड़ा सबूत और क्या होगा कि लेखक के अपने मकान का नाम ही रचना के शीर्षक में भी रम रहा है!...झांसी के अपने बंगले का नाम कुछ भी न रखनेवाले गुप्त जी ने कहा है :

राम तुम मानव हो, ईश्वर नहीं हो क्या?
विश्व में रमे हुए सभी कहीं नहीं हो क्या?

संयोग से डॉ. रामकुमार वर्मा के बंगले का नाम 'साकेत' है और हिन्दी साहित्य में आपाधापी जिस तरह दिन दूनी रात चौगुनी बढ़ रही है, उसे देखते हुए यह समझने में कोई कठिनाई नहीं होती कि लेखक के जीवनकाल में ही इसका उल्लेख होगा। जहाँ कॉरपोरेशन के जीवित व्यक्तियों के रजिस्टर के उसका नाम कटा, वहीं साहित्य के इतिहास में भी उसके नाम के ऊपर लाल लकीर फेर दी जाएगी। इसलिए ताज्जुब नहीं होगा, अगर कुछ सालों बाद सरकारी इतिहास-लेखकों की कृपा से 'साकेत' भवन के स्वामी इस महाकाव्य के रचनाकार के रूप में बच्चा लोगों की पाठ्य-पुस्तकों में रमे हुए हों।

इसलिए साहित्य के साथ-साथ मकान की (या मकान के साथ-साथ साहित्य की!) रचना करने वाले लेखकों को इस समय बहुत चौकस रहने की ज़रूरत है। ज़रा-सी भी ग़लती उन्हें साहित्यिक चौकस रहने की ज़रूरत है। ज़रा-सी भी ग़लती उन्हें साहित्यिक इतिहास की चारदीवारी से बाहर कर सकती है। इसी वजह से मुझे तकलीफ़ होती है, जब अमृत जी (राय, नागर नहीं) अपने खूबसूरत बंगले का नाम 'बीज' या 'प्रेमचन्द : कलम का सिपाही' (जिसे वे अपनी प्रतिनिधि रचना मानें) न रखकर 'धूप-छांव' रख देते हैं। दूसरी तरफ़ अमृत जी (नागर, राय नहीं) बहुत चतुर हैं जो अपनी प्रतिनिधि रचना 'अमृत और विष' के शीर्षक में ही अपना नाम भी घुसेड़ देते हैं।

ईश्वर से यही प्रार्थना है कि हिन्दी लेखकों में यह समझदारी बराबर बढ़ती जाए।

मुम्बई की सागर-मुद्रा

मैं अन्दर और बाहर से बुरी तरह से टूट चुका था...दफ़्तर में मेरे टेलीफ़ोन बहुत आते थे, इसलिए अफ़सर ने मेरी छुट्टी कर दी थी। गुस्से में मैंने अपनी प्रेमिका को 'मोटी' कह दिया था, इसलिए उसने मुझसे सारे सम्बन्ध तोड़ लिये थे, किराया चुकाने में देरी होती जा रही थी, इसलिए मकान-मालिक ने बिजली का कनेक्शन काट दिया था, फिर पानी का पाइप। दोस्त कतराने लगे थे कि कहीं मैं उनसे उधार न माँग लूँ। मालिक के इशारे पर सामने के होटल के छोकरे ने मुझे ठंडी चाय पिलाना शुरू कर दिया था।

मेरे सिर में हमेशा दर्द रहता था और दिल डूबा-डूबा-सा महसूस होता था। चार कदम चलते ही मुझे चक्कर आने लगते थे। नज़र की हालत यह थी कि अख़बार की सुर्ख़ियाँ भी धुँधली दिखलायी देती थीं—सिनेमास्कोप फ़िल्म सोलह मिलीमीटर की लगती थी। मन की बेख़याली ऐसी थी कि कई बार बिल्कुल उल्टे रास्तेवाली बस में बैठा पाया गया—चाँदनी चौक जाना था, तो डिफ़ेंस कॉलोनी जा पहुँचा और निज़ामुद्दीन जाना था, तो शाहदरा में देखा गया। चीज़ों की पहचान की हालत यह थी कि नहाने के बाद बालों में तेल की जगह एक चुल्लू शैंपू डाल लिया और कोट की गर्द झाड़नी थी, तो कपड़ों के ब्रश के बजाय जूतों का ब्रश फेरने लगा। मुँह साफ़ करने के लिए टूथब्रश पर जो क्रीम डाली, वह शेविंग ट्यूब से निकली थी।

और कई बार हजामत करने के बाद शेविंग ब्रश धोया, तो उझले झाग से डेंटल क्रीम की महक आयी।

इसी दौरान एक दिन अचानक लायब्रेरी में मेरे सामने एक किताब पड़ गयी। यह उस भाषा की थी, जिसे दुनिया वाले 'हिन्दी' कहते हैं और इसमें वह चीज़ थी, जिसे यार लोग 'कविता' बोलते हैं। 'अज्ञेय' की 'सागर-मुद्रा' नामक इस पुस्तक का जो पन्ना सबसे पहले मेरे सामने खुला, उस पर छपा था :

यों मत छोड़ दो मुझे, सागर,
यों मत छोड़ दो!
मेरी वासना को और मेरे मन को,
मेरे कर्म को और मेरे मर्म को,
मेरे चाहे को और मेरे जिये को,
मुझको और मुझको और मुझको
कहीं मुझसे जोड़ दो!
यों मत छोड़ दो मुझे, सागर,
यों मत छोड़ दो!

अन्धे को जैसे आँखें मिल गईं। तत्क्षण समझ में आ गया कि मुझे मन की जो शान्ति, सन्तुलन, एकाग्रता और समग्रता चाहिए, वह कोलाहल से बहुत दूर, समुन्दर के किसी सुनसान किनारे पर मिलेगी। हृदय की शान्ति के साथ इस छोर से उस छोर तक, आक्षितिज फैले सागर का गहरा सम्बन्ध है। विवेकानन्द के समाधिस्थ होने की चट्टान, अरविन्द का आश्रम, मद्रास की कलाकार कॉलोनी—सब समुन्दर के किनारे हैं, यानी तूलिकालीन चित्रकार से लेकर कुंडलिनी जगाने वाले साधक तक के लिए तन-मन को जोड़ने वाली जो गहरे सुकून की मनःस्थिति अनिवार्य है, वह सिर्फ सागर-तीरे ही मिलती है।

मैं भागता हुआ घर वापस आया और एम.ए. (भूगोल) में पढ़ने वाले लड़के से पूछा, "यहाँ आसपास कहीं समुन्दर मिलता है?"

उसने अपनी एक पाठ्य पुस्तक 'भारत का भूगोल' कंसल्ट की और बतलाया, "आपको बम्बई जाना पड़ेगा।"

अगले चौबीस घंटों में दुरंगी एयरकंडीशंड एक्सप्रेस में बम्बई की ओर बढ़ते हुए मैं भक्तिभाव से बराबर 'सागर-मुद्रा' (किताब मैंने लायब्रेरी से चुरा ली थी) का पाठ करता रहा।

देखो न, सागर बड़ा है, चौड़ा है,
जहाँ तक दीठ जाती है फैला है,
मुझे घेरता है, धरता है, सहता है, धारता है,
भरता है,
लहरों से सहलाता है, दुलारता है, झुमाता
झेलाता है,
और फिर भी निर्बल मुक्त रखता है,
मुक्त करता है,

मुझे विश्वास होने लगा कि सागर वाला मुम्बई मुझे जोड़ देगा। इतिहास साक्षी है कि इलाहाबाद और दिल्ली में कितने ही टूटे हुओं को बम्बई जोड़ चुका है, मैं भी मन से विस्थापित हूँ—दिल्ली में दिल टूट जाने के बाद शरणार्थी, शान्ति का प्रार्थी होकर आ रहा हूँ कालबादेवी!

बड़ौदा पहुँचते-पहुँचते मुझे ज़बाने-हिन्दी की एक और कविता याद आयी :

कि जब नील नभ में चमकता सितारा,
बहुत याद आता जुहू का किनारा!

इसलिए बम्बई सेंट्रल पर उतरते ही मैं दौड़कर बाहर निकला और झपटकर टैक्सी में बैठ गया।

"किदर जाने का सेठ?" ड्राईवर ने पूछा।

मैंने नम्रता से कहा, "मैं अखंड, एकसूत्री चित्त की प्राप्ति के लिए आया हूँ, बन्धु! मुझे जल्दी जुहू ले चलो।"

वह बाहर चिलचिलाती धूप पर एक नज़र डालकर बोला, "ऐसे घाम में जा के क्या फ्राई होने को माँगता? साइट-सीइंग का है, तो ईवनिंग को जाना।"

मैंने कुछ देर सोचा। शायद बम्बई-निवासी दिन भर के तनाव-भरे संघर्ष के बाद ही सागर में साक्षात्कार करते होंगे। तो फिर थोड़ी देर और सही...मैंने उससे किसी होटल से चलने को कहा और सारी दोपहर बिस्तर पर करवटें बदलते हुए अपनी बेताबी पर काबू पाने की कोशिश करता रहा। पूरे समय मेरे सामने समुद्र-तट की तस्वीरें बनती रहीं–किनारे पर बार-बार आकर थपेड़े मारती लहरें, बालू पर बिखरता दुग्ध-धवल झाग, चारों ओर गहरा मौन...लोग यहाँ से वहाँ तक बिल्कुल चुपचाप, अलग-अलग बिखरे हैं और अनझिप, निर्निमेष दृष्टि से क्षितिज तक बिखरी अपार जलराशि को निहार रहे हैं। अथाह सागर की दुर्गम गहराइयों में आदिकाल से कण-कण शान्ति-भावना संचित होती रही है। लोग एकटक दिगन्तव्यापी हल्की नीली तरलता का सौन्दर्य पीते हैं, जिसमें समुद्र के अनन्त गर्भ में समायी शान्ति की मृदु स्निग्धता भी शामिल है। आदमी कुछ क्षण सागर की निर्मल सतह के ट्रांसमीटर से अपने मन के रेडियो को ट्यून करता है और उसकी अन्तरात्मा में शान्ति-रागिनी मुखरित होने लगती है। बोरीवली से फ़्लोरा फ़ाउंटेन तक का नसों को झिंझोड़ देने वाला बाहरी कोलाहल और जीने के ढंग का सारा भीतरी उपद्रव मन के इस गहरे सुकून की भावना तले निःस्पन्द होने लगता है।

किसी तरह शाम हुई। मैं 'बेस्ट' की 'जुहू स्पेशल' में दाख़िल हुआ और दूसरे शान्तिकामी जनों के प्रति मन-ही-मन नमन करता हुआ एक कोने में बैठ गया। सह-यात्रियों के सामने मेरी श्रद्धालु आँखें झुकी जा रही थीं, जो बीसवीं सदी के सातवें दशक के विकृत भौतिक

दबावों वाले कॉस्मोपॉलिटन शहर में रहते हुए भी निश्छल प्रकृति के सम्मोहन के प्रति संवेदनशील थे और टुच्ची खुदग़र्ज़ियाँ भूलकर उसके साथ अपना तादात्म्य स्थापित करने जा रहे थे। 'उम्मीद है, अभी भी मानवता के लिए उम्मीद है।' मैंने अपने आप से ही रुँधी आवाज़ में कहा।

जुहू पार्क से अर्धचन्द्राकर चक्कर काटकर बस तनिक आगे बढ़ी और दायें मुड़कर 'बीच' के सामने खड़ी हो गयी। तत्क्षण मेरे कानों में वैसा शोर घुसा, जैसा किसी मेले के दायरे में आते ही सुनायी देता है। मैं चौंका, जैसे तपोवन में 'बार' का बोर्ड दिखलाई दे जाए...ठनकते माथे से अपने हमसफ़रों के पीछे-पीछे उतरा। कोलाहल और बढ़ गया—देखा कि बिल्कुल मेरे-जैसा नज़ारा और हँगामा था...सामुद्रिक विस्तार से पीठ फेरकर कुछ लोग जल्दी-जल्दी भेलपूरी निगल रहे थे, कुछ बटाटा-बड़ा के हिस्सा-बाँट में लगे थे और कुछ नारियल के पानी के पान में व्यस्त थे और कुछ उसकी गरी के भक्षण में। महिलाओं ने बच्चे बालू पर तौलिये बिछाकर लिटा लिए थे और परनिन्दा-रस की मिठास ले रही थीं। बड़े बच्चों के कुछ जत्थे जहाँ-तहां रेत पर लोटते हुए 'छुआ-छू' का खेल खेल रहे थे और कुछ टट्टू की सवारी के सुख में लीन थे। लड़कियाँ किनारे पर कुछेक गुच्छे में बँटी थीं और लहरों की बौछार से टाँगें भिगोते हुए 'खी-खी' कर रही थीं। कुछेक नौजवान अपनी-अपनी प्रेमिका के साथ शींगदाना (मूँगफली) टूँगते हुए काना-फूसी कर रहे थे।

मैं भौचक्का, आतंकित और दुःखी हो गया। वहाँ कोई शान्त एवं स्थिर नहीं था, कोई चुप नहीं था। कोई अकेला, एकटक समुद्र की ओर देखते हुए मूक भाव से अपने मन के टूटे तारों को जोड़ने में प्रयत्नशील नहीं था। वे सब मानवीय मशीनें उतना ही शोर कर रही थीं, जितना हुतात्मा चौक या बोरी बन्दर वाले चौराहे पर होता है।

मैं बारी-बारी से कई गुटों के पास गया और जो बातें सुनीं, वे कुछ इस प्रकार थीं :

पहला वृद्ध : दाँतों का मेरा सेट तो फिर ख़राब हो गया। तुम्हारा ख़ूब चल रहा है। कहाँ से बनवाया था?

दूसरा वृद्ध : डॉ. कुलकर्णी से।

पहला : कौन से? चर्नी रोड वाले?

दूसरा : हाँ।

पहला अधेड़ : आज का 'टाइम्स' देखा? विले पार्ले में किसी को-ऑपरेटिव हाउसिंग सोसायटी की बिल्डिंग बन रही है। टू-बेड रूम फ़्लैट की अच्छी स्कीम है। पहला इंस्टॉलमैंट पाँच हज़ार का। फिर हर तीन महीने में पन्द्रह सौ। डेढ़ साल बाद पज़ैशन दे देंगे।

दूसरा अधेड़ : ऑफिस से बहुत दूर पड़ जाएगा।

पहला : अपनी कहने को चार दीवारें तो होंगी। मैं तो कल साइट पर जा रहा हूँ।

पहली महिला : नया बजट देखा?

दूसरी महिला : देखा। ब्रेड़ भी लग्ज़री हो गयी।

पहली महिला : इन्दिरा गाँधी से यह उम्मीद नहीं थी।

प्रेमी : तुम्हारा फ़ेस कितना ब्यूटीफुल है—साला एकदम मून का माफ़िक।

प्रेमिका : हाँ, मेरे को याद आया। मून लाइट एंड कम्पनी में एक पोस्ट निकला है—रिसेप्शनिस्ट के वास्ते। तुम गायतोंडे कूं एक फोन मार देंगा?

प्रेमी : मार देंगा, जॉनी! तुम्हारा ख़ातिर अक्खा (पूरी) बम्बई को मार देगा।

पहली युवती : यह मिनी-सूट बड़ा किलिग है...रौशन ने दिया?

दूसरी युवती : अरे नहीं, वो तो कड़का है आजकल। सेंचुरी मार्केट से डिस्क़ाउंट पर मिला गया है।

पहली : अच्छा? और भी कुछ है रिडक्शन पर?
दूसरी : हां-हां...रुज़, टैल्कम पाउडर, लिपिस्टिक।
पहली : कल ही जाऊँगी।

मैंने 'बीच' के कई चक्कर लगाए और जो कुछ सुना, वह घुमा-फिराकर यही सब था... मेरा दिल डूबने लगा। क्या इतनी बड़ी भीड़ में कोई हिन्दी कविता नहीं पढ़ता? मैं ही एक बार सागर से तादात्म्य की कोशिश क्यों न करूँ? पर उतने शोर में, जहाँ बगल के आदमी की आवाज़ नहीं सुनी जाती थी, वहाँ मन की ट्यूनिंग का सवाल ही कहाँ था!...फिर हो सकता है, उस कविता का कथ्य किताबी हो। कम-से-कम कोई एक तो ऐसा मिले, जो सत् चित् से सागर-संवाद करता हुआ मन के जुड़ने का आनन्द पा रहा हो...तभी एकाएक देखा, दूर कोने में एक आदमी अकेला, स्थिर बैठा था। मुझमें आशा की एक लहर दौड़ गयी। शायद ये सागर-मुद्रा का मूल्य जानते हैं। मैं व्यग्रता से उस ओर बढ़ा, पर कुछ आगे चलते ही 'मम्मी को डैडी से, डैडी को मम्मी से प्यार है' की पावन ध्वनियाँ सुनाई दीं—देखा कि उन्होंने सामुद्रिक ट्रांसमीटर बजाय अपने-आपको रेडियो सीलोन से ट्यून कर रखा है...दूसरे कोने पर एक और अकेले टोपीधारी सज्जन दिखलायी दिये। उनके सौम्य चेहरे पर गहन अन्तर्द्वन्द्व था, माथे पर गूढ़ चिन्तन की रेखाएँ—वे एकटक सागर की ओर निहार रहे थे...मैं धीरे-धीरे निकट गया। पीछे से उनकी बुदबुदाहट सुनी, "ओपिन ट्वेंटी सेवन, क्लोज़ एट्टी एट्! पिछले हफ़्ते इलेवन, फ़िफ़्टीन सिक्स, सिक्सटी थ्री। पिछले साल इस हफ़्ते इलेवन, फ़िफ़्टीन फ़िफ़्टी सेवन और सिक्सटी फ़ोर..." मेरा दिल ज़ोर-ज़ोर से धड़कने लगा। सिद्धों की संध्या-भाषा के समान शायद चह आत्मिक साधना की कोई 'कोड लैग्वेज' है। मैंने नम्रता से पूछा, "महोदय, आप क्या कर रहे हैं?"

उन्होंने व्याघात पड़ जाने से खिन्न होकर मेरी ओर देखा। कहा, ''मटका का गैस लगा रहा हूँ।''

मुझे मानवता पर भरोसा था, इसलिए अगले दो-तीन दिन बम्बई के हर 'बीच' पर भटका—चौपाटी और कफ़ परेड, दादर और वर्ली, बरसोवा का सिल्वर सैंड और बांद्रा का बैंड स्टैड... हर जगह कोई स्थानीय ख़ासियत ज़रूर दिखलायी दी—जैसे, चौपाटी पर मसाला मिल्क की बहार थी, तो दादर 'बीच' के ओपेन एयर रेस्तरां में दस साल पुराने सदाबहार गाने बज रहे थे। बरसोवा में मछुआरे अपना जाल समेटे आते थे, तो बांद्रा में प्रेमीजन किनारे की चट्टानों जैसे कठोर हृदय वाली कामिनियों को मनाने में तल्लीन थे— लेकिन कुल मिलाकर 'बीचों' का नज़ारा जुहू जैसा ही था। लोग वहाँ अपने मन के टूटे रेशों को जोड़ने के लिए नहीं, बल्कि बाहरी दुनिया से और ज़्यादा जुड़ने के लिए आते थे। उनके लिए समुद्र में इतनी कशिश नहीं थी, जितनी भेलपूरी के स्टॉल और टट्टू की सवारी में थी—ग़ालिब ने सच ही कहा था :

बहर (सागर) गर 'बीच' न होता, तो बयाबां होता।

ग़ालिब का रचना-संसार और मकान उर्फ़
रहिए अब ऐसी जगह चलकर जहाँ बारिश न हो

हाल ही की बात है, जामा मस्जिद के पास एक वयोवृद्ध कबाड़ी के यहाँ से मुझे ग़ालिब के उर्दू दीवान का एक हस्तलिखित मसौदा मिला, जिसका बाद में उनकी निजी प्रति होना प्रमाणित हुआ। यह गदर के दौरान खो गयी ग़ालिब की अनेकानेक पुस्तकों एवं पांडुलिपियों में से रही होगी, जिसका उल्लेख महाकवि ने अपने अनेक पत्रों में किया है। इस मसौदे में हाशिये पर अनेक मिसरों में संशोधन किया गया है, जो स्वयं ग़ालिब के हाथ का है और आज प्रचलित रूपों से भिन्न है।

यह तो आप जानते ही हैं कि ग़ालिब मूल रूप से दुःख और पीड़ा के कवि हैं, पर कभी आपने यह भी सोचा है कि उनके दुःख का कारण आख़िर था क्या? इस दीवान के साक्ष्य तथा उनकी अन्य रचनाओं एवं पत्रों के आधार पर मेरा यह दावा है कि ग़ालिब की यह पीड़ा वस्तुतः अपना मकान न बनवा पाने की पीड़ा थी। जैसा कि मौलाना हाली ('ज़िक्रे ग़ालिब', पृ. 206) और महाकवि के विशेषज्ञ गुलाम रसूल 'मेहर' ('ग़ालिब') ने लिखा है, 'ग़ालिब ने अपनी सारी ज़िंदगी किराए के मकानों में काटी। यह एक स्वाभिमानी, संवेदनशील तथा प्रतिभाशाली रचनाकार के लिए बडी यातना है, इसकी कल्पना आसानी से की जा सकती है। किशोरावस्था में दिल्ली आ जाने के

बाद ग़ालिब पहले तो गली क़ासिमजान स्थित अपनी ससुराल में रहे। यह गली चाँदनी चौक से मुड़कर बल्लीमारान के अन्दर आने पर शम्सी दवाख़ाने और हकीम शरीफ़ ख़ां की मस्जिद के बीच पड़ती है। फिर उन्होंने जामा मस्जिद के पास मकान लिया। इसके बाद वह फ़ाटक हबश ख़ां में शोबानबेग़ की हवेली में जाकर रहे। अपनी पेंशन के मुक़दमे के सिलसिले में कलकत्ते जाना पड़ा, तो वहाँ भी शिमला बाज़ार में मिर्ज़ा अली सौदागर का मकान दस रुपये महीने के महँगे किराये पर लिया ('नक्शे आज़ाद', पृ. 273)। वापसी में पहले तो खारी बावली में नवाब अब्दुर्रहमान खां की हवेली में टिके। बाद में फिर अपनी पुरानी गली क़ासिमजान में पहुँचे और मृत्यु-पर्यन्त इसी गली में कम-से-कम आठ बार मकान बदला (हकीम अहमद ख़ां कृत 'अहवाने-ग़ालिब', पृ. 78-79)। यही व्यग्र एवं चलायमान मानसिकता इन शे'रों में प्रकट हुई है :

मान-ए-दश्न-नावर्दी[1] कोई तदबीर नहीं,
एक चक्कर है मेरे पांव में, जंजीर नहीं।

क्यों गर्दिशे-मुदाम[2] से घबरा न जाए दिल,
इंसान हूँ, पियाला-ओ-साग़र नहीं हूँ मैं।

शौक़ उस दश्त में दौड़ाए है मुझको कि जहाँ,
ज़ादा ग़ैर-अज़-निगह-दीदा-ए-तसवीर नहीं।

(लालसा मुझे ऐसे मरुस्थल में दौड़ा रही है, जहाँ मरीचिका के सिवा पगडंडी की निशानी तक नहीं।)

ग़ालिब के ये मकान वैसे ही थे, जैसे किराये के मकान आम तौर से हुआ करते हैं और मकान-मालिकों ने उनसे वैसा ही व्यवहार

1. मरु-भ्रमण से रोकने वाली।
2. रोज़ाना का चक्कर।

किया, जैसा वे बहुधा किया करते है। लिपाई-पुताई न करवाना, दरारें न भरवाना, धसक गयी दीवार न उठवाना, टूटी छत और छप्पर की मरम्मत न करवाना—ये तो जैसे मामूली बातें थीं।...''जुलाई से मेह शुरू हुआ और ज़ोर के नदी-नाले बह निकले। बालाख़ाने का जो दालान मेरे उठने-बैठने, सोने-जागने, जीने-मरने का महल अगर्चे गिरा नहीं, लेकिन छत छलनी हो गयी। कहीं लगन (परात), कहीं चिलमची, कहीं उग़ालदान रख दिये। क़लमदान, किताबें उठाकर तोशाख़ाने (भंडारगृह) में रख दिये। मालिक मरम्मत की तरफ़ मुतवज्जह (ध्यान देने वाला) नहीं। कश्ती-ए-नूह (मनु के जैसा इस्लामी धर्मकथा का नायक) में तीन महीने का इत्तफ़ाक़ हुआ।'' (मुंशी हरगोपाल 'तफ़्ता' के नाम एक पत्र से, 'ग़ालिब के पत्र', हिन्दुस्तानी एकेडमी, पृ. 133)। अपने दूसरे अभिन्न मित्र मिर्ज़ा अलाउद्दीन अहमद ख़ां 'अलाई' को एक लम्बे व्यवधान के बाद फिर लिखते हैं, ''मियाँ, मैं बड़ी मुसीबत में हूँ। महलसरा (ज़नानख़ाने) की दीवारें गिर गयी हैं। पख़ाना ढह गया, छतें टपक रही हैं। तुम्हारी फूफी (महाकवि की पत्नी) कहती है, हाय दबी! हाय मरी! दीवानख़ाने का हाल महलसरा से बदतर है। अब्र (बादल) दो घंटे बरसे, तो छत चार घंटे बरसती है।'' (वही, पृ. 488) यह बदहाली काव्य में कई जगह अभिव्यक्त हुई है :

उग रहा है दरो-दीवार से सब्ज़ा ग़ालिब,
उगा है घर में हरसू सब्ज़ा वीरानी तमाशा कर।

घर हमारा जो न रोते भी, तो वीरां होता,
बहर[1] गर बहर न होता, तो बयाबां होता!

ऐ आफ़ियत, किनारा कर! ऐ इन्तज़ाम चल,
सैलाबे-गिरिया दर-पए-दीवारो-दर है आज।

---

1 समुद्र।

(ओ शान्ति, परे हट! ओ व्यवस्था, दूर हो जा। मेरे घर को आज प्रलय की धारा मिटाने पर आमादा है।)

किसी के घर जाएगा सैलाबेबला मेरे बाद?
वफ़रे-अश्क़[1] काशाने[3] का किया यह रंग,
कि हो गये मेरे दीवारो-दर, दरो-दीवार!
मंज़र इक बुलन्दी पर और हम बना सकते,
अर्श से उधर होता काश कि मकां अपना?

एक बार दीवार जो धसकी, तो मकान-मालिक बहुत अनुनय-विनय के बाद बड़े के बाद बड़े एहसान के साथ उसे उठवाने के लिए तैयार हुआ :

दीवार बारे मिन्नते-मज़दूर से है ख़म,
ऐ ख़ानुमां-ख़राब[3] न एहसां उठाइए!

'दरख़ुरो-क़हरो-ग़ज़ब (प्रचंड आपत्तियों के योग्य) जब कोई हम-सा न हुआ' और 'मौत से पहले आदमी ग़म से नज़ात पाए क्यों' जैसे घोर विषादी उद्गारों की वैधता एवं संगीत सिर्फ मकान के ही सन्दर्भ में साबित हो पाती है। इसी के कारण 'उल्टे फिर आएं दरे-काबा अगर वा (खुला) न हुआ' की गर्वोक्ति वाला स्वाभिमानी रचनाकार अपने मित्र के सामने इस प्रार्थना के लिए विवश पाया जाता है: "अगर तुम से हो सके, तो बरसात तक भाई से वह हवेली मेरे रहने को दिलवा दो, जिसमें इलाहीबख़्श ख़ां मरहूम का तस्कन (निवास) था।"

रहिए अब ऐसी जगह चलकर जहाँ बारिश न हो!

समीक्षक प्रो. शौक़त सब्ज़वारी ने ('फ़लसफ़ा-कलामे-ग़ालिब') जिस काव्याँश की 'मुआमलाबन्दी' एवं 'मुलाक़ात' (दो उर्दू काव्य-रूढ़ियाँ,

---

1 आँसुओं की अधिकता।

2 घर।

3 टूटे घर वाले।

जिनमें नायक-नायिका के प्रेम-सम्बन्धों का अत्यन्त स्वाभाविक चित्रण तथा उनके कथोपथन होते हैं।) कहकर प्रशंसा की है, उनमें वस्तुतः ग़ालिब के मकान-मालिक के साथ निरन्तर तनाव भरे सम्बन्ध ही प्रकट हुए है। 'वो अपनी ख़ू (आदत) न छोड़ेंगे, हम अपनी वज़ा (रीति) क्यों छोड़ें?' के हामी ग़ालिब किरायेदार के रूप में कलई और मरम्मत के अपने मूल अधिकारों के प्रति जागरूक थे, लेकिन मकान-मालिक का रवैया ऐसा था :

मैं, और सदहज़ार नवाए-ए-जिगर-ख़राश,
तू, और एक वह नशुनीदन की क्या कहूँ!

(एक ओर तो मेरे दुखी मन की लाखों करुण पुकारें, और दूसरी ओर तुम्हारे जैसा अनसुनी करने वाला!)

ग़ालिब तुम्हीं कहो कि मिलेगा जवाब क्या,
माना कि तुम कहा किए और वो सुना किए।

हर एक बात पै कहते हो तुम कि तू क्या है?
तुम्हीं कहो कि ये अन्दाज़े-गुफ़्तगू क्या है?

बस, यहीं से मालिके-मकान के साथ ग़ालिब के सम्बन्धों में एक नया मोड़ आता है। ईश्वर की कृपा से "ग़ालिब तूरानी नस्ल के थे, इसलिए चौड़ी-चकली हड्डियाँ थीं। क़द भी दराज़ी (लम्बाई) में अंगुश्तनुमा (प्रमुख) था।" (महाकवि की नातिन हमीदा सुल्तान का 'ग़ालिब का तसव्वुरे-इश्क़' शीर्षक लेख, 'माहे-नौ', फ़रवरी, 1932)।

इज़्ज़-ओ-नियाज़ से तो वो आया न राह पै,
दामन को उसके आज हरीफ़ाना खेंचिए।

इस इरादे से यह सिलसिला शुरू हुआ और पहुँचा यहाँ तक :

धौलधप्पा उस-सरापा-नाज़ का शेवा न था,
हम ही कर बैठे थे ग़ालिब पेशदस्ती एक दिन।

इसके बाद मकान-मालिक ने वही किया, जो उसके वर्ग के लोग आज भी करते हैं। जैसे ही मिर्ज़ा अंगरखा, चपकन और सदरी ले, धोने के इरादे से गुसलख़ाने में घुसे, उसने पानी का नल बन्द कर दिया :

दरिया-ए-मआसी तुनुकआबी से हुआ खुश्क,
मेरा सरे-दामन भी अभी तर न हुआ था।

(मेरे कपड़े का छोर भी अभी भीग नहीं पाया था कि पापी की जल-धार सूख गयी।)

लबे-खुश्क दर-तिश्नगी मुर्दगां का!

(मैं प्यास से प्राण देने वाले का सूखा होंठ हूँ।)

बावर आया हमें पानी का हवा हो जाना!

(पानी के हवा बन जाने की बात पर अब मैं विश्वास करने लगा हूँ।) और जैसे ही रात हुई, बिजली का कनैक्शन काट दिया गया :

ज़िन्दाने क्या कहूँ तारीकिये-ज़िंदाने-ग़म[1] अँधेर है!
बयाँ किससे हो ज़ुल्मत-गुस्तरी[2] मेरे शबिस्ता[3] की!
ग़म नहीं होता है आज़ादों को बेश-अज़-यक-नफ़रत[4],
बर्क़[5] से करते हैं रौशन, शम-ए-मातमख़ाना[6] हम!

अन्तिम शे'र का यही बेफ़िक्र रुख़ है, जो आख़िरकार ग़ालिब ने अपना लिया, लेकिन मिर्ज़ा से छुटकारे की कोई सूरत न देखकर मालिक ने मकान बेच डाला। "जिसने लिया है, उसने मुझसे इबराम

1. दुःख की कालकोठरी का अँधेरा।
2. अँधेरे का विस्तार।
3. घर।
4. क्षण-भर से अधिक।
5. बिजली।
6. शोक-सदन का दीपक।

(अनुरोध) किया कि मकान ख़ाली कर दो।" पर मिर्ज़ा भी ज़िद के पक्के थे :

उस मकां से बनती नहीं मुझसे हया किये,
रहता रहा, अगर्चे इशारे हुआ किये।

उधर (नये मालिके-मकान) बेदर्द ने मुझको आजिज़ किया और मदद (मरम्मत) लगा दी। वो सहन बालाख़ाने का, जिसका दो गज़ का अर्ज़ (चौड़ाई) और दस गज़ का तूल (लम्बाई), उसमें पाड़ (मचान) बँध गयी। रात को वहीं सोना, गर्मी की शिद्दत (तेज़ी)। (ग़ालिब के पत्र, पृ. 107) प्रगतिवादी मित्रों की सूचनार्थ निवेदन है कि इस समय मिर्ज़ा का झुकाव हालाँकि समाजवादी विचारधारा की ओर था :

सल्तनत दस्त-ब-दस्त आयी है,
जामे-मैख़ातमे-जगदेश नहीं।

(शाह जमशेद के हाथ का प्याला अँगूठी नहीं, जो बराबर उन्हीं के हाथ में रहेगा। साम्राज्य हाथोंहाथ अपने अधिकार में आता है।)

लेकिन मकान मकान की इस बुर्जुआ चाल के सामने महाकवि का वर्ग-संघर्ष विलुप्त हो गया और वे रातोंरात नये मकान में चले गये।

(वही, पृ. 453)– रंजो-ग़म की उसी प्रक्रिया में से निकलने के लिए, जिससे अभी-अभी छूटे थे।

यों तो ग़ालिब की 'मकान-ग्रन्थि' दीवान के चार पन्ने उलटने से अच्छी तरह प्रकट हो जाती है, जिसमें क़दम-क़दम पर संगो-ख़िश्त (पत्थर-ईंट), दरवाज़ा, दीवार, फ़र्श, आस्तां (चौखट), रोज़न (झरोखा), खिड़की, छत एवं कंगूरे-जैसी उपमाओं तथा रूपकों के ही माध्यम से भावभिव्यक्ति की गयी है, लेकिन वस्तुतः सच्चाई यह है कि ऐतिहासिक काल-क्रम के अनुसार मिर्ज़ा की सुदीर्घ काव्य-यात्रा को मकान के परिप्रेक्ष्य में अधिक अच्छे ढंग से विश्लेषित किया जा सकता है। डॉ. बिजनौरी ('मुहासिन क़लामे-ग़ालिब'), रशीद अहमद सिद्दीक़ी

(नक्दे-ग़ालिब) तथा प्रो. आले अहमद सुरूर (अदब और नज़रिया) के अध्ययन में तनिक संशोधन की अनुमति मिले, तो विकास-क्रम की स्थितियाँ इस प्रकार निर्धारित की जा सकती हैं :

(1) **प्रारम्भिक** : (सन् 1811 से 1812 तक) मिर्ज़ा ने तीन मंज़िल के बहुत शानदार मकान का नक्शा बनवा लिया था, जिसके साथ लम्बा-चौड़ा बाग़ भी था।

हैं और भी दुनिया में मकांवर बहुत अच्छे,
कहते हैं कि ग़ालिब का है अन्दाज़े-मकां और।

है कहाँ तमन्ना का दूसरा कदम या रब[1]?

(2) **मध्यकालिक** : (सन् 1812 से 1813 तक) जब मिर्ज़ा यह समझ गये थे कि नक्शा बनवाना एक बात है और मकान बनवाना दूसरी बात!

ख़ार ख़ारे-अलमे-हसरते-दीदार तो है,
शौक़ गुलबीने-गुलिस्ताने-तसल्ली न सही।

(अपने मकान के दर्शनों की अधूरी आकांक्षा के काँटे की चुभन तो मेरे मन में बराबर है, अपने उद्यान के माली का उल्लास न सही।)

(3) **प्रौढ़** : (सन् 1813 से 1869 तक) हल्की उदासी से गहन विषाद तक पहुँचना हुआ। वस्तुतः यही ग़ालिब का प्रतिनिधि एवं अमर काव्य है, जब यह अच्छी तरह स्पष्ट हो चुका था कि अब अपना मकान कभी नहीं बन पाएगा।

घर में था क्या तेरा ग़म उसे ग़ारत करता,
वो जो रखते थे हम इक हसरते-तामीर[2] सो है।

सिवाय हसरते-तामीर, घर में ख़ाक नहीं।
जाता हूँ दाग़े-हसरते-हस्ती[3] लिए हुए।

---

1 हे ईश्वर।

1. निर्माण की इच्छा।

2. जीवन की अधूरी आकांक्षा का कलंक।

ये नहीं थी मेरी क़िस्मत कि मकानदार होता
अगर और जीते रहते, यही इन्तिज़ार होता।

ग़मे-मकां का असद, किससे हो जुज़ मर्ग[1] इलाज़,
शमा हर रंग में जलती है सहर होने तक!

वस्तुस्थिति यह है कि महाकवि के चिंतन पक्ष पर भी मकानवाद का गहरा प्रभाव है। उनका प्रिय वेदान्त कहता है—ब्रह्म सत्यं, जगत् मिथ्या अर्थात् मानव शरीर अस्थायी है, नश्वर है *('हस्ती हमारी अपनी फ़ना पर दलील है'* यानी देह का होना उसके नाशवान होने का प्रमाण है तथा *'हस्ती के मत फ़रेब में आ जाइयो असद')*, इसलिए *'पूछते हैं वो कि ग़ालिब कौन है?'* प्रश्न पर मिर्ज़ा को निरुत्तर रह जाना पड़ता है, क्योंकि संगमरमरी चौखट और बुलन्द दरवाज़े वाले किसी ठोस एवं स्थायी मकान की ओर संकेत नहीं किया जा सकता— ''वह (ब्रह्म यानी मकान) किसी शै (वस्तु) से मुशाबा (तुलनीय) नहीं है।'' (अलबेरूनी) ब्रह्म की यही परिकल्पना मिर्ज़ा के यहाँ है :

हर चन्द हर एक शै में तू है,
पर तुझ सी कोई शै नहीं है।

ग़ालिब के यशस्वी समीक्षक शेख़ इक़राम ने ('कलामे-ग़ालिब') उनके दार्शनिक विचारों को दो भागों में विभक्त किया है : भौतिक यथार्थ (अर्थात् मकान का यथार्थ) और मानव-जीवन (अर्थात् किरायेदार का जीवन)। फिर अस्तित्व की उन्होंने तीन अवस्थाएँ बतलाई हैं : अस्ति (अपना मकान है), नस्ति (अपना मकान नहीं है) और एकेश्वरवाद (अर्थात् एक मकानवाद)।

---

1. मृत्यु के सिवा।

हम मुव्वहिद (एकेश्वरवादी) हैं, हमारा केश (धर्म) है तर्के-रमूस (रूढ़ि भंग करना)। *मिल्लते (सम्प्रदाय) जब मिट गईं, अज़्ज़ा-ए-ईमां* (धर्म के अंश) *हो गयीं।* (अर्थात् हम एक-मकानवादी हैं, हमारा धर्म किराये के पंथ की समाप्ति है। किराये या लीज़ पर मकान पाना, सब लैट करवा लेना, पेइंग गेस्ट बन जाना, हॉस्टल में रहना—ये विविध सम्प्रदाय जब मिटते हैं, तो अपने एक मकान वाले महान् धर्म का अंग बन जाते हैं)।

'चित्रलेखा' अपने लेखक की भाग्य-लक्ष्मी सिद्ध हुई। बदक़िस्मत ग़ालिब की कोई पुस्तक ऐसी नहीं हो पाई, लेकिन पल भर के लिए कल्पना कर लें कि अगर मिर्ज़ा का मकान बनता *(बेदरो-दीवार-सा इक घर बनाया चाहिए!),* तो वे उसका नाम क्या रखते? उनकी कुल मिलाकर लगभग बाईस पुस्तकों में से केवल एक का ही नाम ऐसा है, जो मकान के लिए लिया जा सकता है, वह है फारसी-उर्दू कविता का एक संकलन 'गुले-राना' (सुन्दर फूल)। नाम छोटा भी है और मधुर भी। इसमें 'ग़ालिब' के साथ ध्वनि-साम्य भी है। लिफ़ाफ़े पर पते में अपने नाम के साथ 'गली बल्लीमारान' जैसे शब्दों का जोड़ा जाना, मिर्ज़ा के सौन्दर्य बोध को ठेस पहुँचाता था, जिसके लिए पत्रों में अपने कई मित्रों को वर्जित किया है।... अब ज़रा उनके नाम के साथ यह नाम मिलाकर देखिए—श्री ग़ालिब, गुले-राना, दिल्ली...मुँह में कैसी मिश्री-सी घुली जाती है?... काश! यह मकान बना होता और साहित्य का इतिहास गर्व से कह सकता कि इंशा ने यह शेर ग़ालिब का मोहक मकान देखकर ही कहा था :

नज़ाक़त[1] उस गुले-राना की देखियो इंशा,
नसीमे-सुबह[2] जो छू जाय, रंग हो मैला!

1. सुन्दरता।
2. सुबह की हवा।

खिड़की वाली सीट

माँ को अपने बेटे, साहूकार को अपने देनदार और किसान को अपने लहलहाते खेत को देखकर जो आनन्द आता है', वही आनन्द बस में दाख़िल होने वाले आदमी को खिड़की वाली कोई सीट ख़ाली देखकर होता है। आप ऊपर चढ़ने वालों की पूरी गतिविधि को तटस्थतापूर्वक सूक्ष्मता के साथ परखिए—तटस्थता तभी सम्भव है, अब आप खुद पहले ही खिड़की वाली किसी सीट पर क़ब्ज़ा जमा चुके हों!—तो आपको मालूम होगा कि खिड़की के बराबर वाली सीट की आशंका कितनी सार्वभौमिक, सार्वकालिक एवं आधारभूत होती है। इस आकांक्षा में इतनी गहराई, सघनता तथा तीव्रता पाई जाती है कि इसे आसानी से महत्त्वाकांक्षा कह सकते हैं। जिसे दिल्ली परिवहन की बेबस बना देने वाली बसों का थोड़ा-सा भी तजुर्बा है, वह फ़ौरन सिर झुकाकर इस सफ़ाई को स्वीकार कर लेगा। दिल्ली की बस में जिसे खिड़की के बगल वाली सीट मिल जाए, समझना चाहिए कि उसने पिछले जन्म में बड़े पुण्य किये थे। यहाँ यह सीट पाना एक अत्यन्त कठिन एवं कष्टसाध्य साधना का अन्तिम सोपान है।... कैसे?

मान लीलिए, कनाट प्लेस में रात के आठ बजे आपने तय किया कि चलो, अब घर चला जाए और आप गुरुद्वारा रोड पहुँचने के लिए मद्रास होटल के स्टॉप पर आकर खड़े हो गये। चहलक़दमी करते और सिगरेट के छल्ले बनाते हुए पच्चीस मिनट बीत गये।

इसके बाद 28 नम्बर ठसाठस भरी हुई आती दिखायी दी, सैकिंड के हज़ारवें हिस्से के लिए स्टॉप के सामने ठिठकने को हुई और जब तक आप पैतरा बदलें-बदलें, जन्नाटे से साथ धुएँ के बगूले छोड़ती हुई मोड़ पर मुड़ गयी।... आपने दूसरी सिगरेट सुलगायी और एक तरफ़ हटकर नयी ज़मीन पर चहलक़दमी शुरू कर दी। तीन मिनट के बाद बोझ के कारण काँपती 27 नम्बर आयी और स्टॉप से पचास कदम आगे ठिठकी। आप तुरन्त दुलकी चाल से दौड़े, लेकिन चार लोगों को उगलकर दुरंगा दानव घरघराता हुआ तत्काल आगे बढ़ गया। आपने तीसरी सिगरेट जलायी और टहलना बन्द करके 'संकेत पर ठहरिए' वाले खम्भे से टिककर खड़े हो गये। 45 बी आती हुई दिखलायी दी... आपने काँपते हाथों से सिगरेट नीचे फेंककर जूते तले कुचल दी, आपकी नसों में रूधिर का प्रवाह बढ़ गया, दिल ज़ोर-ज़ोर-से धड़कने लगा। ड्राइवर ने हिकारत भरी दया से स्टॉप पर खड़ी भीड़ को देखा और अर्धचन्द्राकार चक्कर देकर बस रोक दी। आप भूखे भेड़िये के समान दरवाज़े पर झपट, लेकिन बस, बेताबी में यहीं आपसे एक चूक हो गयी। दरवाज़े के दायीं या बायीं ओर बस की बॉडी से चिपककर आगे बढ़ने के बाद, लोहे के डंडे को पकड़कर उसके सहारे से अन्दर घुसने के बजाय आप सीधे ही भीड़ में पैठ गये। इसलिए आपकी तमाम धींगामुश्ती के बावजूद हाथ में कोई पकड़ न होने के कारण, दोनों तरफ़ के लोग आपको धकियाते हुए अन्दर घुस गये। जब तक आप अपनी गलती समझें, कंडक्टर ने मुस्तैदी से सीटी मार दी... और कारवां गुज़र गया, आप गुबार देखते रहे!

आधे घंटे के इन्तज़ार के बाद 35-ए आयी और उसने रुकने का अहसान भी कर दिया। पागलों की भीड़ दरवाज़े पर टूटी, लेकिन इस बार सूझ-बूझ से काम लेते हुए आप कम-से-कम ऊपर चढ़ तो गये और बस चलने के साथ थोड़ा आगे बढ़कर ऊपर से लटकता चमड़े का पट्टा थामकर खड़े हो गये।...बस हमेशा की तरह ठसाठस भरी है।

45 लोग बैठे हैं और इतने ही खड़े हैं। आप दोनों पैरों के बीच एक फुट का फ़ासला दिये होशियार हैं कि कहीं बस के झटके से मुड़ने या ब्रेक के साथ एकाएक रुकने पर—आम तौर से ड्राइवर दोनों के ही शौक़ीन पाए जाते हैं—आप लड़खड़ा न जाएँ। खिड़कियाँ नीचे होने के कारण आपको सिर्फ बस की दीवारें ही दिखाई दे रही हैं। आप लोगों के बीच में बुरी तरह फँसे हैं। कभी कोई जूता आपका पैर कुचल देता है, कभी कोई कोहनी आपके पेट में चुभ जाती है। वातावरण में ऐसी बोझिल घुटन है कि साँस लेना दुश्वार है।...गोल मार्किट निकल गया। जिस कतार से आप सटे हैं, उसके दोनों लोग इत्मीनान से स्थापित हैं। आप हर आहट पर चौंक-चौंक उठते हैं, आपका हर रोम प्रतीक्षारत है। मन्दिर मार्ग निकल गया। पचकुइयाँ रोड आने को हुई और किनारे वाला व्यक्ति अपनी जगह कसमसाया। आप एकदम सतर्क हो गये। वह अभी ठीक से उठ भी नहीं पाया था कि आपने बैठने की प्रक्रिया शुरू कर दी। पूरी तरह बैठकर आपने इत्मीनान की साँस ली। बिखरे बाल सँभाले। अकड़े हुए घुटनों को सहलाया। आर्यसमाज रोड के अगले स्टॉप पर बगल का आदमी उठा और...लीजिए! खिड़की के बराबर वाली सीट आपकी थी! आप विद्युत गति से लपककर वहाँ विराजमान हो गये। एक हाथ खिड़की पर रख लिया। चंचल हवा के अल्हड़ झोंके आपके चेहरे पर थपकियाँ देने लगे। स्फूर्ति की उन्मादी तरंग से तन-मन सिहर उठा। अब सब-कुछ आपका था—सड़क की चहल-पहल, दुकानों के शो-केसों की रोशनियाँ और नियॉन-साइन, लोगों की आवाज़ें...शीतल मलय समीर, मुक्ति, स्वतन्त्रता, 15 अगस्त, शान्ति, सुकुन, सुख आह्लाद—इन शब्दों का वास्तविक अर्थ अब आपकी समझ में आया और ग़ालिब के एक शे'र का यह एक मिसरा भी—

खुल्द[1] का एक दर है मेरी गोर[2] के अन्दर खुला!

1. स्वर्ग,
2. क़ब्र

लेकिन यह क्या? अभी दो मिनट भी नहीं हो पाए थे कि 'ज्ञानी रेस्तरां' के चौराहे पर बस ने चक्कर काटा और पचास कदम आगे बढ़कर गुरुद्वारा रोड के स्टॉप पर खड़ी हो गयी, जहाँ आपको उतरना है!...एक दीर्घ निःश्वास के साथ आप उठ खड़े हुए। आपके अपनी सीट को वैसे ही देखा, जैसे तलाक़शुदा पति अपनी सुन्दर पत्नी को, हारा हुआ मंत्री संसद-भवन को और बूढ़ी हीरोइन अपने यौवनकाल की फ़िल्मों को देखती है।

दिल्ली परिवहन का यही दस्तूर है। जब तक अपना स्टॉप नहीं आता, तब तक खिड़की वाली सीट नहीं मिलती। जब खिड़की वाली सीट मिलती है तो फ़ौरन स्टॉप आ जाता है। इसमें ज़्यादा दुख की बात नहीं है, क्योंकि जीवन का भी यही नियम है। चरम सुख के क्षण ज़िन्दगी में गिने-चुने ही होते हैं, लेकिन जहाँ तक इन पंक्तियों के लेखक का है, वह इन क्षणों को प्रायः रबर के समान खींचता हुआ पाया गया है। सच्चाई यह है कि मैं जीवन का हर आनन्द छोड़ सकता हूँ। पर खिड़की वाली सीट नहीं छोड़ सकता। इसलिए अगर मुझे अपना स्टॉप आ जाने के साथ ही खिड़की के बराबर वाली सीट का ऐश सुलभ होता है तो मैं सीट के बजाय स्टॉप छोड़ देता हूँ, और अगर 35 हुई तो पाँच मील दूर वाले आख़िरी स्टॉप मौरिस नगर से, 24 हुई तो तीन मील दूर आनन्द पर्वत से और 27 हुई तो ढाई मील दूर रोहतक रोड से स्कूटर-रिक्शा लेकर वापस गुरुद्वारा रोड आ आता हूँ!

आप चाहें, तो हँस सकते हैं। बुरा नहीं मानूँगा, क्योंकि खिड़की वाली सीट की ख़ातिर मैं बहुत कुछ सह चुका हूँ। हालाँकि बतलाने की कोई नीयत नहीं थी, पर ज़िक्र आ गया है तो कहे बिना रहा नहीं जाता कि इन सतरों के लेखक के कई प्रेम सम्बन्ध बनते-बनते सिर्फ इसलिए टूट गये, क्योंकि उसने सम्भावित प्रेमिका को खिड़की वाली सीट पर सादर बैठाने के बजाय झपटकर खुद उस पर तशरीफ़ रख दी। ज़ाहिर है कि हर लड़की बुरी तरह चौंकी।

हिकारत से कहा—"यह क्या हिमाक़त है? तुमने देखा नहीं कि लड़की हमेशा खिड़की के बगल वाली सीट पर बैठती है?"

मैंने रूँधी आवाज़ में उत्तर दिया—"मैं यह सीट नहीं छोड़ सकता। इस बारे में कुछ निगोशिएट भी नहीं कर सकता। कश्मीर के समान यह इशू भी क्लोज़्ड हैं। इसके अलावा कुछ कहना हो, तो कहो।" कुछ रुककर यह जवाब मिला—"अब कहने को रखा ही क्या है! तुम्हारे दिल की सीट पर तो यह खिड़की वाली सीट बैठी है, वहाँ किसी और के लिए गुंजाइश कहाँ!"— और अगले स्टॉप पर वह उतर गयी।

इस प्रकार स्पष्ट है कि संसार में प्यार की कसौटी यह खिड़की के बराबर वाली सीट है। जिसने यह सीट दे दी, उसने अपने प्रेम का ज्वलन्त प्रमाण दे दिया। मित्र और मित्र, पति और पत्नी, माँ और बेटी, पिता और पुत्र—सबके स्नेह की परीक्षा इसी सीट से हो जाती है। दो दशक पुरानी दोस्ती में भी इसी सीट के कारण दरार पड़ती देखी गयी है। अभी हाल में ही मेरे एक मित्र ने अपने बूढ़े चाचा की डायरी दिखलायी जिसमें एक पन्ने पर 11 जनवरी के नीचे लिखा था—'आज राजेशवर नाथ फिर झपटकर खिड़की वाली सीट पर बैठ गया, यद्यपि बस में पहले मैं चढ़ा था। ऐसा तीसरी बार हुआ है। उसकी क्षुद्रता पर हृदय अत्यन्त व्यथित है।'

जैसा कि आपने देखा होगा, खिड़की के बगल वाली सीटें रेल में भी होती हैं और क्योंकि वहाँ सफ़र बहुत लम्बा होता है, इसलिए इस सीट के प्रति ललक में भी बहुत तीव्रता पाई जाती है। आम तौर से ऐसा होता है कि ठीक समय पर पहुँचने पर ये सभी सीटें भरी मिलती हैं। बहुत-से लोग अपने तड़पते दिल पर काबू करके कहीं बीच में फँसकर बैठ जाते हैं, लेकिन वास्तविकता यह है कि इन पंक्तियों का लेखक अपने चित्त की बेकली को दबा नहीं पाता। मैं निहायत ही बेतकल्लुफ़ी से खिड़की वाली सीट के तमाम मुसाफ़िरों से बारी-बारी से पूछता हूँ—"आप कहाँ तक जायेंगे?" और इस तरह तुलनात्मक

अध्ययन करके उस सीट के सामने धूनी रमा देता हूँ, जो सबसे पहले ख़ाली होने वाली है। मान लीजिए, वह स्टेशन मथुरा है, जहाँ वे सज्जन उतरेंगे। तो आगरा कैंट पर पहुँचते ही मेरे दिल की धड़कन बढ़ जाती है। अभी ट्रेन आगरा कैंट के प्लेटफ़ॉर्म से पूरी तरह निकल भी नहीं पाई कि मैं चीख़कर उन साहब से कहता हूँ—"भाई साहब, सामान सँभालिए न, मथुरा आने वाला है। जल्दी से दरवाज़े पर पहुँच जाइए। मथुरा पर बड़ी भीड़ टूटती है।"

लेकिन कभी-कभी ऐसा भी होता है कि जब मैं खिड़की वाली सीट पर बैठा हुआ एकटक प्राकृतिक सुषमा का पान कर रहा होता हूँ, तो कोई नौज़वान पास आकर बड़ी बेतकल्लुफ़ी से पूछता है—"क्यों साहब, आप कहाँ तक जायेंगे?"

मैं कुछ क्षण स्थिर दृष्टि से इस बदतमीज़ को देखता हूँ। यह अमृतसर एक्सप्रेस है, जो विक्टोरिया टर्मिनल, बंबई तक जाएगी। मुझे केवल दो स्टेशन बाद झांसी पर उतर जाना है, लेकिन मैं सन्तुलित स्वर में कहता हूँ—"वी.टी. स्टेशन के यार्ड तक!"

उस पर घड़ों पानी पड़ जाता है। वह खिसियाकर खिसक जाता है।

गाँधी जी भी तीसरे दर्जे में यात्रा ज़रूर करते थे, मगर बैठते हमेशा खिड़की वाली सीट पर थे। प्रमाण के लिए आप चाहें तो सफ़र की डॉक्युमेंट्री और तस्वीरें देख सकते हैं। ग़ालिब का खिड़की-प्रेम तो मशहूर ही है। मक्का-मदीना जाने के लिए मिर्ज़ा सामान से लदे-फदे ऐन मौक़े पर पुरानी दिल्ली रेलवे स्टेशन पर पहुँचे, तो खिड़की वाली सभी सीटें भरी पाईं। एक सज्जन से अनुनय-विनय की और प्रार्थना के दौरान ही यह शे'र भी कहा, जो 'दीवान-ए-ग़ालिब' में जगह पाकर अमरत्व प्राप्त कर चुका हैः

ग़ालिब जो सीटे-खिड़की मुझको अता करें,
हज का सबाव नज़र करूँगा हुज़ूर की!

कल्चर चंगा तो कठौती में गंगा
उर्फ़ समीक्षक ललित कलाओं के

जैसा कि हम सब जानते ही हैं, हिन्दुस्तान में एक चीज़ पाई जाती है, जिसे 'संस्कृति' कहते हैं। यह संस्कृति जिन तत्त्वों से बनती है, उनमें गायन-वादन, नृत्य, चित्रकला और रंगमंच प्रमुख हैं। जैसा कि हम सबको पता है, भारतवर्ष में एक वस्तु और पाई जाती है, जिसे समाचार-पत्र कहा जाता है। इस अख़बार में तीसरे पन्ने पर किसी क्लॉथ मिल की वायल की साड़ी के लम्बे-चौड़े इश्तिहार और कांग्रेस संसदीय दल की बैठक के समाचार के बीच में जब थोड़ी-सी जगह ऐसे बेतुकेपन से छुट जाए कि वहाँ न तो कोकाकोला का ब्लॉक डाला जा सके और न प्रधानमंत्री के जुकाम का बॉक्स-आइटम, तो सम्पादक क्या करे?

दो की मजबूरी से तीसरा फ़ायदा उठाता है—इस कहावत के अनुसार सम्पादक और संस्कृति की विवशता जिस जीवधारी का मज़ा बन जाती है, उसे 'क्रिटिक' या 'समीक्षक' कहते हैं। जैसा कि नाम से ही स्पष्ट है, उसका काम है ऊपर के उदाहरण जैसी ख़ाली जगहों को भरने के लिए 'परफ़ॉर्मिंग आर्ट' के किसी कार्यक्रम की आलोचना करना। जैसे किसान का काम खेती करना है और धोबी का काम कपड़े धोना, वैसे ही हमारे आलोचकों का काम चुक्ताचीनी करना है, लेकिन किसान के काम के लिए जहाँ खेती-बारी की सूक्ष्म जानकारी

और लम्बा अनुभव अनिवार्य होता है, वहाँ समीक्षक के लिए ऐसे गुण अक्सर ग़ैर–ज़रूरी माने जाते हैं, क्योंकि खेती-बारी जैसे पुश्तैनी काम के विपरीत समीक्षा समीक्षक और सम्पादक के बीच का एग्रीमेंट है। जिस व्यक्ति को देखकर सम्पादक को लगे कि इन्हें कलात्मक अभिव्यक्ति की किसी विधा विशेष का सैद्धान्तिक एवं व्यावहारिक ज्ञान है, ये लाखों पाठकों तक जानेवाली अपनी समीक्षा के गम्भीर महत्त्व से परिचित हैं, ये व्यक्तिगत राग-द्वेष से अलग रहकर, जीवन-बोध के कलात्मक सम्प्रेषण के मूल्याँकन जैसे सांस्कृतिक दायित्व को भली भांति निभा सकते हैं, वह व्यवित समीक्षक बन सकता है। अब यह बात दूसरी है कि सम्पादक की चुनाव-दृष्टि की तह में जाने पर कुछ दूसरे ही सांस्कृतिक कारण सामने आयें, जैसे सम्पादक और समीक्षक का एम.ए. मे सहपाठी या अब पड़ोसी होना, दोनों की पत्नियों की मित्रता, दोनों के दफ़्तर का एक ही बिल्डिंग में होना या एक के लड़के और दूसरे की लड़की की दोस्ती वग़ैरह।

ललित कलाओं की स्तरीयता के ये प्रहरी बाक़ायदा समाचार-पत्र के कर्मचारी नहीं होते। ये दिन में कुछ और काम करते है–या नहीं भी करते। बस, शाम को नियत समय पर नियत हॉल में जाकर सबसे आगेवाले कतार में उतनी देर बैठ लेते हैं, जितनी देर में तारीफ़ या ग़ालियों का आधार जुट सके। ऐसा करना 'इंटैलेक्चुअलता' की निशानी मानी जाती है, इसलिए समाज में थोड़ा पढ़ा-लिखा हर प्राणी इस काम के लिए लालायित पाया जाता है। और जब यह काम पा लेता है, तो सांस्कृतिक केन्द्रों में उसकी चाल देखते ही बनती है। मिसाल के लिए, एक सुन्दर महिला कलाकारों के झुंड में अपने पति की ओर इशारा करते हुए यह कहती है, ''मेरे पति से मिलिए, ये 'कैपिटल रिपोर्टर' के ड्रामा-क्रिटिक हैं और फ़लां मिनिस्ट्री के ज्वाइंट सेक्रेटरी!''

लेकिन एक दूतावास के प्रीति-भोज में उन्होंने सिलसिला इस तरह कर दिया, "मेरे पति से मिलिए...ये फ़लां मिनिस्ट्री के ज्वाइंट सेक्रेट्री हैं और 'कैपिटल रिपोर्टर' के ड्रामा-क्रिटिक।" इन्होंने अपनी कार के विंड-स्क्रीन पर 'डॉक्टर' के अन्दाज़ में 'ड्रामा-क्रिटिक' की चिप्पी लगा रखी है।

फ्रीलांसिंग करने वालों के लिए समीक्षा वरदान है। यह कल्चर न होता, तो बेचारों को किसी दफ़्तर में क्लर्की करनी पड़ती, पर 'कल्चर चंगा, तो कठौती में गंगा' कहावत के अनुसार अनकी पाँचों उँगलियाँ घी में हैं और सिर कड़ाही में। मेरे एक तिकड़मी दोस्त (वैसे समीक्षक और तिकड़मी, एक ही शब्द के पर्याय माने जाते हैं) 'राजधानी टाइम्स' के कला-समीक्षक हैं, 'दिल्ली न्यूज़' के संगीत-समीक्षक और 'इडियन हेरॉल्ड' के नाट्य-समीक्षक। संस्कृति के तिगुने बोझ से दबे बेचारे दिन भर प्रेस क्लब में बीयर की चुस्कियाँ लेते हुए रमी खेलते रहते हैं और शाम को मुँह-हाथ धोकर काग़ज़-क़लम सँभाले अपनी गुरु-गम्भीर 'ड्यूटी' पर निकलते हैं, तो छह से छह-बीस तक श्रीधराणी गैलरी में एम.पी.टी. राय की नकल प्रदर्शनी का जायज़ा लेते है, साढ़े छह से साढे सात के इंटरवल तक पास के इंडियन नेशनल थियेटर में 'एक्टर्स लीग' का नाटक 'शाम का सूरज' देखते हैं और साढ़े सात के इंटरवल के बाद से साढ़े आठ तक बगल के सप्रू हाउस में सुभद्रा जोशी का गायन सुनते हैं। फिर मुँह में सिगरेट दबाए जल्दी-जल्दी बहादुरशाह ज़फर मार्ग पर आकर बारी-बारी से तीनों अख़बारों के दफ़्तरों में जाते हैं और अपनी ख़ाली कुर्सी पर झपटते हुए कहते हैं, 'मेरा भी पत्ता बाँटो।'

हमारे इन दोस्त की पिछली पचास समीक्षाएँ उठाकर देखी जाएँ, तो मालूम होता है कि तीनों ही कला-क्षेत्रों में उनकी शब्दावली लगभग इतनी है :

कला : फ़िगरेटिव, एब्सट्रैक्ट, पिकासो, रंगों का संयोजक, परम्परा-आधुनिकता, भारतीयता, हुसैन, जटिल मानवीय जीवन, मिथक, प्रतीक, बिम्ब।

उदाहरण : श्रीधराणी गैलरी में आयोजित एम.पी.टी. राय की नयी चित्र प्रदर्शनी देखकर जो प्रभाव सबसे गहरा एवं ठोस छूटता है, उसकी अभिधात्मक समानता उनके नाम से ही है—अर्थात् एम्प्टीनेस! जटिल मानवीय जीवन के ख़ालीपन को अभिव्यक्त करने के लिए इस चित्रकार ने हल्के (सफेद, गुलाबी, आसमानी) तथा गहरे (काला, लाल, नीला) रंगों के चमत्कारिक संयोजन से सुन्दर प्रभावपूर्णता उत्पन्न की है (संख्या 3, 5, 6, 9 और 11)। अपनी कला-यात्रा के एक महत्त्वपूर्ण मोड़ पर ऐसे प्रयोग पिकासो ने भी किये थे, लेकिन राय ने इन प्रभावों को आत्मसात् करते हुए अपने को भारतीय परम्परा से जोड़ने में सफलता पायी है, क्योंकि वे इस देश के ही पौरणिक मिथकीय प्रतीकों एवं बिम्बों का व्यवहार करते हैं (जैसे 'मत्स्यबन्ध', 'अश्वमेघ' तथा 'क्षीरसागर')

संगीत : ख़याल, दादरा, द्रुत, लय, जैजैवन्ती, यमन कल्याण, तारसप्तक, आरोह-अवरोह, गमक, तान।

नमूना : कल शाम 'सुरसंसार' द्वारा आयोजित सुभद्रा जोशी का कार्यक्रम असफल रहा, क्योंकि न आयोजकों में भद्रता थी और न गायिका में जोश! पाँचवीं पंक्ति में बैठाये गये प्रस्तुत समीक्षक की तुच्छ बुद्धि में कुमारी जोशी के मधुवन्ती के आलाप में न तो सुरीलापन था और न राग की समझ। 'प' और तारसप्तक का 'सा' ख़ाली-से लगे। द्रुत ख़याल में सीधी व पेचदार तानों पर गायिका का नियन्त्रण नहीं रहा। ध्वनि-व्यवस्था तो ख़राब थी ही, मध्यान्तर में चाय भी कार्यक्रम-सी ठंडी पिलाई गयी।

रंगमंच : विकासशील माध्यम, नाटक की व्याख्या, गतियाँ, मुख-मुद्रा, लहज़ा, भावभंगिमा, नाट्यानुभूति।

मिसाल : कल शाम 'एक्टर्स लीग' ने मनोहर नन्दा कृत 'शाम का सूरज' आई.एन.टी. थियेटर में प्रस्तुत किया। मौलिक हिन्दी नाटक चुनकर निर्देशक कमल भारद्वाज ने विकासशील रंगमंच के क्षेत्र में सराहनीय कार्य किया है। तरुण नाटककार का यह नाटक एक वृद्ध सरकारी अफ़सर की कहानी है। (आगे बीस पंक्तियों में कहानी का सारांश दिया गया है।)...नायक की भूमिका में रेडियो, टेलीविज़न के मँजे हुए कलाकार प्रशान्त कुमार ने प्रशंसनीय अभिनय किया। नीता खन्ना की 'बेबी' भी प्रभावशाली थी। उन्होंने अपेक्षित मुख-मुद्राओं तथा लहज़े के द्वारा इस पात्र की पीड़ा को वाणी दी। निर्देशक ने सुन्दर ढंग से नाटक के शीर्षक की व्याख्या करते हुए उस देश की समकालीन संकटग्रस्त स्थिति से जोड़ा, लेकिन इस समीक्षक के विचार में यह मंडली वस्तुतः 'सुबह का सूरज' है, जिसे रंगमंचाकाश में अभी बहुत समय तक चमकना है।

अपनी कला-साधना के प्रति निष्ठावान नए कलाकार शुरू-शुरू में इन समीक्षकों को संजीदगी से लेते हैं, लेकिन जल्दी ही उनके सामने सारा भ्रम खुल जाता है– जब उन्हें पता चलता है कि सुभद्रा जोशी की बुराई का कारण यह है कि उसने पिछले साल हमारे समीक्षक को एक कॉकटेल-पार्टी में नहीं बुलाया था। एम.पी.टी. राय की तारीफ की वजह यह है कि वे इसी अख़बार समाचार-सम्पादक के साले हैं। प्रशान्त कुमार की प्रशंसा होनी ही थी, क्योंकि वे समीक्षक को रेडियो के अपने सेक्शन में बराबर बुक करते हैं। नीता खन्ना न सिर्फ़ ख़ूबसूरत है, बल्कि समीक्षक को हमेशा सलाम करती हुई पायी जाती हैं। कमल भारद्वाज व्यवसायी हैं और एक विदेशी छात्रवृत्ति की कमेटी के सदस्य भी...वग़ैरह-वग़ैरह।

गर्मी के डेढ़-दो महीने राजधानी में सांस्कृतिक सन्नाटा रहता है। यह समय मेरे एक अज़ीज़ फ्रीलांसर दोस्त पर, जो एक अंग्रेज़ी दैनिक के सिर्फ़ संगीत-समीक्षक हैं, बहुत भारी पड़ता है। सड़कों-चौराहों पर

बेचारे सूंघते चलते हैं कि कहीं कुछ मसाला मिल जाए, ताकि बिल बन सके और अक्सर साबित भी हो जाता है कि वास्तव में संस्कृति जननी के समान उदारमना एवं जीवनदायिनी है...रात को कनॉट प्लेस से वापस लौटते हुए हम लोग गुरुद्वारा रोड के स्टॉप पर उतरे। अगले चौराहे का होटल बन्द था और उसके सामने फुटपाथ पर उसमें काम करने वाले दस-बारह छोकरे झुंड बनाए फ़िल्मी गाने गा रहे थे। उनमें हमारा प्रिय वेटर अब्दुल भी था। दो-तीन के सामने औंधी देग़ची और टीन का कनस्तर रखा था, जिनसे तबले का काम लिया जा रहा था। आसपास सोने वाले कुछ लोग और एक तरफ़ खड़े टैक्सी तथा स्कूटर के ड्राइवर बीच-बीच में 'वाह-वाह' कर देते थे। सामने की पान की दूकान से नियम के अनुसार मेरे दोस्त ने पान बनवाया, मैंने एक सिगरेट सुलगाई और विदा हुए।

अगली सुबह मैंने अपने दोस्त वाला अख़बार खोला, तो तीसरे पन्ने के दायें कोने पर 'एक ज़िन्दादिल गोष्ठी' शीर्षक से यह टिप्पणी छपी थी : '(हमारे संगीत-समीक्षक द्वारा)...पिछली रात करोलबाग़ में एक अनौपचारिक संगीत-गोष्ठी का आयोजन किया गया। भाग लेने वाले नयी पीढ़ी के युवा कलाकार थे। इन्होंने एकाकी तथा सामूहिक, दोनों ही प्रकार के गीत प्रस्तुत किये। गायन-शैली में शास्त्रीय एवं सुगम, दोनों ही प्रकार के संगीत-तत्त्वों का कर्णप्रिय, तरल समन्वय दिखलाई दिया। राग हमीर में आबद्ध किया गया 'मधुबन में राधिका नाचे रे' विशेष रूप से उल्लेखनीय है। इसमें उदीयमान कलाकार श्री अब्दुल रहमान ख़ां ने बड़े मनोहर ढंग से प्रारम्भिक आलाप लिये। श्रोतागणों द्वारा की जाने वाली अनवरत करतलध्वनि इस बात का प्रमाण थी कि कार्यक्रम कलात्मक एवं गीतात्मक अनुभूति देने में सफल रहा।'

जितने प्रकार के जीवधारी होते हैं, उतने ही प्रकार के समीक्षक भी होते हैं। और जितनी किस्मों के समीक्षक होते हैं, उतनी ही तरह

की समीक्षाएँ भी पायी जाती हैं। मसलन, एक महिला नाट्य-समीक्षक हैं, जो शुरुआत हमेशा मौसम से करती हैं। ''राजधानी की तपती हुई गर्मी में नेशनल स्कूल ऑफ़ ड्रामा ने आवश्यकता को समझते हुए 'आषाढ़ का एक दिन' प्रस्तुत किया या बारिश की हल्की बूँदाबाँदी के बीच 'कलाकार यूनिट' ने मावलंकर हॉल में 'दिल में हूक उठी' नामक प्रहसन प्रदर्शित किया। संयोजकों की समय की समझ की तारीफ़ करनी ही पड़ती है क्योंकि दिल में हूक अगर इस भीगी-भीगी रुत में नहीं, तो फिर कब उठेगी?''

इनकी समीक्षाएँ पढ़ते हुए लगता है कि या तो मौसम की रिपोर्ट पढ़ रहे हैं या मानवीय जीवन पर उसके प्रभाव का विश्लेषण...एक संगीत-समीक्षक हैं, जिनके मन में सम्भवतः कोई 'बाँसुरी-ग्रंथि' है। वे जैसे ही बाँसुरी देखते है, भड़क उठते हैं। ''कल शाम 'म्यूज़िक सर्किल' द्वारा प्रस्तुत कार्यक्रम में सुदर्शन नाहटा का बाँसुरी-वादन बिल्कुल असफल रहा। इस संगीत-साधक को समझना चाहिए कि भीमपलासी जैसे भारी-भरकम राग का निर्वाह टुइयाँ-सी बाँसुरी के द्वारा कैसे हो सकता है?''...एक नृत्य-समीक्षक ऐसे संकीर्ण-हृदय हैं कि इधर तारीफ़ करते हैं और उधर अगले ही क्षण 'लेकिन' जोड़कर दिये हुए नम्बर काट लेते हैं। ''पिछली शाम अशोक होटल के कन्वेंशन हॉल में प्रस्तुत नृत्याँगना यास्मीन का कार्यक्रम रोचक एवं कलात्मक तो था, लेकिन वह अपेक्षा के अनुरूप नहीं उतरा। 'गीत-गोविन्द' पर आधारित 'शृंगार पल्लवी' में प्रेम-विभोर नायिका का उनका चित्रण आकर्षक तो था, किन्तु तीव्र भावान्दोलन को प्रकट नहीं कर सका। बढ़त में विविधता थी और पेचीदा तोड़े एवं परनों को उन्होंने अनुकूल क्रिया-मुद्रा से व्यक्त किया, मगर कई बार खंड सम से कुछ मात्रा पहले ही समाप्त होते देखे गये। लम्बे टुकड़ों में लय के आकार को बनाए रखा गया, लेकिन छोटे टुकड़ों में उठाव की अलग-अलग जगह नहीं रह सकी।''

एक कला-समीक्षक की समीक्षाएँ असंगत प्रारम्भ के बाद आम तौर से इतनी गोल-मोल पायी जाती हैं कि मालूम ही नहीं पड़ता कि प्रशंसा हो रही है या निन्दा—"कोणार्क गैलरी में आयोजित सूरदास की एकल प्रदर्शनी में पैंतीस चित्र हैं। संख्या यही क्यों है, इस बारे में कुछ नहीं कहा जा सकता। सम्भव है, यह कलाकार की आयु हो। प्रौढ़ता की विभाजक रेखा पैंतीस के प्रति संवेदनशील रचनाकार जागरूक पाए ही जाते हैं...विविध एवं विरोधी रंग-पट्टियों तथा गोलाकार तूलिकाघातों से बने 'प्यास' शीर्षक चित्र को ध्यानपूर्वक देखने के बाद प्रस्तुत समीक्षक को वस्तुतः प्यास लग आयी और उसे बाहर निकलकर कोकाकोला पीना पड़ा, क्योंकि पानी उपलब्ध नहीं था, (गैलरी के अधिकारी कृपया ध्यान दें)! ऐसे प्रभाव की ही विवशता थी, जिससे मैं चटख़दार भूरे एवं बैंजनी रंगों के ज्यामितिक रूपाकारों वाले चित्र 'भूख' के सामने नहीं ठहर सका। आशा है, चित्रकार महोदय क्षमा करेंगे...कैटलॉग के अनुसार इस प्रदर्शनी में मनोभावों एवं मनःस्थितियों से संबंधित चित्र हैं, तब फिर बर्फ़ जैसी सफेद रंग-छायाओं वाला 'आइसक्रीम' शीर्षक चित्र (संख्या 5) वहाँ क्यों है? उसे देखने के बाद इस समीक्षक को वैसी ही ठंडी सिहरन हुई, जैसी 'स्टैंडर्ड बेकरी' से सॉफ़्टी आइसक्रीम के खाने पर होती है। इस प्रकार यह स्पष्ट हो जाता है कि चित्रकार का अभिप्राय वस्तुतः 'सिहरन' से ही है। इस सन्दर्भ में द्रष्टव्य है कि आधुनिक जटिल मानवीय जीवन में भावाभिव्यक्ति के लिए भाषागत शब्दावली कैसे विलक्षण ढंग से बदल रही है!"

सचमुच बदल रही है—क्योंकि 'समीक्षक' का अर्थ अब कम-से-कम समीक्षक नहीं होता, बाक़ी सब कुछ होता है!

मत लौटाओ मेरा बचपन!

सैकड़ों कवि रोये हैं, हज़ारों शायर तड़पे हैं, पंडित नेहरू, गाँधी जी और शास्त्री ने भी हमेशा बच्चों के प्रति प्यार जताते हुए अपने मन की कमज़ोरी को ज़ाहिर कर दिया है, हिन्दी फ़िल्मों की हीरोइन भी अपनी सहेलियों के साथ बाग़ों में, बहारों में, छोटे-से दुपट्टे की ओट में अपनी ज़ुल्मी जवानी छिपाने की नाकामयाब कोशिश करते हुए इठलाती, बल खाती हज़ारों बार गा चुकी हैं कि...बचपन! तू मूझे अकेली छोड़कर कहाँ चला गया?...लेकिन सच मानिए, इन पंक्तियों का लेखक आज तक यह नहीं समझ सका कि बचपन में वह कौन-सी चुम्बकीय शक्ति है, जो प्रबुद्ध राजनीतिज्ञों और संवेदनशील कवियों से लेकर आम नागरिकों या नौजवान लड़कियों तक को इतनी तेज़ी से अपनी ओर खींच लेती हैं!

बचपन क्या है? शायद सुविधा और स्पष्टता के लिए यहाँ एक परिभाषा देना ज़रूरी होगा। तो कहा जा सकता है कि...उम्र की जिस अवस्था में मुँह में दो-तीन दाँत होते हैं, पानी को 'पप्पा' और दूध को 'दुद्दू' कहा जाता है, बिना पूर्व सूचना के कहीं और किसी पर भी सू-सू कर दी जाती है, उसे बचपन कहते हैं। मैं नहीं सोचता कि बचपन के इन दीवानों में इनमें से किसी भी क्रिया के प्रति (चाहे वह लघु हो या दीर्घ!) ललक होगी! मैं जानता हूँ कि आप कहेंगे!...यही कि जी नहीं! बचपन के साथ जो भोलापन और निर्दोषिता जुड़ी हुई है,

हम उसी के आकांक्षी हैं, लेकिन सच्चाई यह है कि बचपन बेवकूफ़ी का दूसरा नाम है और क्योंकि उम्र के उस दौर में बदक़िस्मती से सभी को ऐसा होने का फ़ख़्र हासिल हो चुका है, इसलिए एक-दूसरे को सांत्वना देने के लिए लोग इसे भोलापन कह देते हैं। अर्थात् जब यह पता नहीं होता कि दूकानदार ने चवन्नी हथियाकर पाँच पैसे की लेमनड्रॉप थमा दी है, जब बार-बार बौखलाकर पूछने पर कि मम्मी! मैं कहाँ से आया हूँ?—का जवाब थप्पड़ में मिलता है। अब यह जानकारी नहीं होती कि भैया 'सामने वाली खिड़की' में रहने वाली माला के लिए या दीदी पीछे वाली गली में बसने वाले सुदर्शन के पास चोरी-छिपे ये खुशबूदार लिफ़ाफ़े मेरे ज़रिये क्यों भिजवाते हैं। अगर आपको शायर अख़्तर शीरानी जैसों की ख़िदमत करने के लिए नन्हा कासिद बनने का इतना ही शौक़ है, तो यकीन जानिए, हमें कोई ऐतराज़ नहीं।

सही मानों में बचपन आयु रूपी सभ्यता का आदिम, अन्धकार-युग है। बचपन मानवता के आँचल पर लगा लज़्जाजनक धब्बा है। बचपन वह गुनाहे-बेलज़्ज़त है, जो हम सबको उठाना पड़ता है। बचपन विधाता का एक क्रूर परिहास है। बचपन झूठ है, धोखा है, प्रवंचना, छलावा है।

बचपन पार्टीशन की वह दीवार है, जो छोटे-छोटे जीव-जन्तुओं को आम मानवता से अलग रखती है। यह आयु का 'कंसेशनल' दौर है, क्योंकि आप पूरे नहीं हैं—आधे-अधूरे हैं! आधा टिकट लेकर आप ट्रेन से सफ़र करते हैं, आधे दाम देकर नाई से सिर मुँडवाते और आधे पैसे देकर मोची से जूता पॉलिश करवाते हैं। आपका अस्तित्व इतना तुच्छ है कि आपकी निकर पापा के रूमाल की तरह धोबी के यहाँ से मुफ़्त धुलकर आ जाती है।

बचपन वह अवस्था है, जब कोई आपको घास नहीं डालता, जब आपका होना न होने के बराबर है। आप छत पर धूप सेंकते हुए 'चन्दा मामा' पढ़ रहे हैं और सामने ताज़ा नहाकर आयीं पड़ोसिन बेफ़िक्री

से कपड़े बदल लेती है, आप एकाएक दीदी के कमरे में घुस गये हैं और अपनी सहेली के साथ गोपन भाव से एक किताब पढ़ती और रह-रहकर खिलखिलाती दोनों पल-भर के लिए चौंकी हैं। सहेली ने आपकी ओर देखकर पूछा है, "इसकी उम्र क्या है?" दीदी ने उपेक्षा से कहा है, "उँह, बच्चा है अभी!" और दोनों फिर उसी किताब में डूब गयी हैं और आप साकार सवालिया निशान बने, भकुए-जैसे मुँह बाये खड़े हैं।

अगर आप में शर्म होती, तो धरती फटती और आप उसमें समा जाते, लेकिन आप अव्वल दर्जे के बेहया हैं। गिरे हुए पर्दे से झाँकना, बन्द दरवाज़े खोलना और दीवार से कान लगाकर सुनना—आपकी पक्की आदतें हैं। आपको मालूम है कि लोग आपकी मौजूदगी को बर्दाश्त नहीं कर पाते, लेकिन आपके गुब्बारे जैसे शरीराकार में से स्वाभिमान रूपी गैस न जाने कब की निकल चुकी है। तब मुँह के भावों और इशारों से नहीं, बल्कि साफ-साफ डंके की चोट आपके अस्तित्व को धिक्कारा जाने लगता है। कार्ड पर बड़े-बड़े हर्फ़ों में लिखा है कि बच्चे नहीं आ सकते, लेकिन पर्दा खुलते ही आप हस्बेमामूल अपने सेलर सूट में सजे-धजे तीसरी कतार की सातवीं कुर्सी पर दराज़ पाए जाते हैं। आपको दरगुज़र कर दिया जाता है कि ख़ैर, हटाओ। लेकिन नहीं, आधे घंटे में हॉल का अँधेरा आपकी आत्मा को संत्रस्त करने लगता है, दरवाज़ों के ऊपर 'एक्ज़िट' के लाल ख़ूनी हर्फ़ सींगों वाले राक्षक की आँखों की तरह घूरते हैं और मंच पर अभिनीत होने वाले झगड़े का बहाना पाते ही आप पंचम स्वर में 'पैं-पैं' करने लगते हैं। तुरन्त टॉर्च चमकाता हुआ एक व्यक्ति आपके पास आता हैं और आपको मम्मी की सरपरस्ती में बहुत बेआबरू होकर उस कूचे से निकलना पड़ता है...बेचारी मम्मी! मसल है न...गेहूँ के साथ घुन भी पिस जाते हैं।

आप बच्चे हैं, इसलिए फूहड़पन आपका जन्मसिद्ध और सर्वस्वीकृत अधिकार है। आप सभ्यता, संस्कृति, शिष्टाचार और म्युनिसिपल कॉर्पोरेशन—सबकी बन्दिशों से आज़ाद हैं। आप बम्बई के फ़ोर्ट एरिया में सरे-चौराहा 'मुत्ती' कर सकते हैं और कोई माँ का लाल आपका बाल भी बांका नही कर सकता। आपसे बड़ा समाजवादी कोई नहीं, जो रेस्तरां में बैठने पर वेटर को 'अंकिल' और कैबरे डांसर को 'आंटी' कहता है।

आप बच्चे हैं, इसलिए किसी को भी आपके साथ कुछ भी करने का अधिकार है। आप सड़क पार कर रहे हैं और ट्रैफ़िक का सिपाही आपको—प्यार से—एक चपत लगा देता है; आप बस में एक सीट पर बैठे हैं और मोटे लाला—प्यार से—आपको एक तरफ़ दबाते हूए खुद वहाँ धचक जाते हैं; आपने कोई मज़ेदार बात कही है और पान खाए हुए मौसी खुश होकर आपका गाल गन्दा कर देती हैं। आपको बहुत कुछ करना पड़ता है। हालाँकि आपको इसकी जानकारी नहीं होती। घंटी बजने पर दरवाजा खोलना, अन्दर जाकर आने वाले का नाम बतलाना, पोस्टमैन से डाक लेना, नुक्कड़ से सिगरेट लाना—कितने अत्याचार हैं, जो शताब्दियों से आप पर ढाए जा रहे हैं।

आपको पता नहीं कि आप कितने बड़े बोर हैं। दस-पन्द्रह मिनट तो आप बेशक अच्छे लगते हैं, आपकी दो-चार बातें और हरकतें हँसा भी देती हैं। बस, यहीं से आपको अपने बारे में ग़लतफ़हमी पैदा हो जाती है और आप चींटी की तरह चिपक जाते हैं। काश! आप जान सकते कि आपको झेलने के लिए कितने गहरे धीरज और ठोस मनोबल की ज़रूरत पड़ती है।

बड़े होने पर जब कभी किसी पुरानी नादानी का ज़िक्र आता है, तो आप झेंपकर कहते हैं कि छोड़िए, वो बचपने की बातें... यानी 'वंस अपॉन ए टाइम' आप बच्चा होने पर शर्मिन्दा हैं। जब भी कभी कोई बड़ा नासमझी की बात करता है, तो उसे इसी गन्दी गाली से ही

तो लताड़ा है कि बचपना मत करो। तब फिर बचपन के लिए इतनी ललक कैसी?

हाँ, बचपन की ज़रूरत पड़ती ज़रूर है, लेकिन ज़िक्र के तौर पर 'होनहार बिरवान के होत चीकने पात', 'पूत के पाँव पालने में ही दिखायी पड़ जाते हैं' इत्यादि कहावतों का आधार बचपन ही तो है। जब भी किसी महापुरुष की महानता साबित करनी होती है, तो शुरुआत हमेशा बचपन से ही की जाती है। "आप बचपन से ही बड़े कुशाग्र-बुद्धि थे। आपने 5 साल की उम्र में ही 36 का पहाड़ा याद कर लिया था।" या "आप बचपन से ही काव्य-रचना की ओर उन्मुख थे। सात वर्ष की आयु में आपने ये सुन्दर पंक्तियाँ रची थीं :

मेरा छाता, मेरा छाता
यह वर्षा से मुझे बचाता।

और आपके क्लास टीचर ने कहा था कि 'आप अवश्य ही साहित्य अकादेमी का पुरस्कार प्राप्त करेंगे'।" अब आपको कौन बतलाए कि आपके क्लास टीचर ने भी अपने बचपन में ऐसी ही रचनात्मक प्रतिभा प्रदर्शित की थी और उनके क्लास टीचर ने भी उनके बारे में ऐसी ही भविष्यवाणी की थी।

मगर आम तौर से ज़िंदगी में यही देखने में आता है कि जो बचपन में कुशाग्र-बुद्धि माने जाते थे, वे सेक्रेटेरिएट में लोअर डिवीज़न क्लर्क के महान् पद तक पहुँचे हैं और जो दिन-दिन भर गुल्ली-डंडा खेलने की वजह से क्लास में बेंच पर खड़े कर दिये जाते थे, वे 'ओबेराय इंटर-कांटिनेंटल' में बैठे डिनर खा रहे हैं! इसलिए बचपन में तेज़ होना उतना ही निरर्थक है, जितना सुस्त होना। यानी कुल मिलाकर नतीजा यही निकलता है कि...बचपन ही निरर्थक है!

हिसाब की कॉपी

शहर में कई मुहल्ले होते हैं और मुहल्ले में तमाम घर पाए जाते हैं। आम तौर से हर घर में कॉर्निस के ऊपर या तकिये के नीचे, मेज़ की बन्द दराज़ में या आलमारी के खुले ख़ाने में एक सादा या रंगीन नोट-बुक, डायरी या कॉपी देखी जाती है, जिसे दुनिया वाले 'हिसाब की कॉपी' कहते हैं। जैसा कि नाम से ही ज़ाहिर है, इसमे कर्ता के द्वारा हिसाब नाम की क्रिया सम्पन्न होती है। 'राम ने छोले खाए' में कर्ता 'राम' है और 'खाए' क्रिया, लेकिन 'राम ने हिसाब किया' में 'किया' क्रिया नहीं, बल्कि प्रक्रिया है, क्योंकि छोलों के ख़त्म होने के बाद खाने की क्रिया की समाप्ति लाज़िमी है, लेकिन इतिहास साक्षी है और भुक्तभोगी जानते हैं कि जीवन रूपी चाट के ठेले में हिसाब रूपी छोलों का स्टॉक असीम है, इसलिए सच्चाई यह है कि हिसाब नाम की क्रिया भूतकाल से ही कर्ता को चाटना शुरू कर देती है, पूरे वर्तमान में चुभलाती है और सुदूर भविष्य में जाकर निगल लेती है। इस तरह साफ है कि यह क्रिया व्याकरण के तीनों कालों के विस्तार में फैलकर भाषा-वैज्ञानिकों के सामने एक सुलगता सवालिया निशान बनकर खड़ी हो जाती हैं।

हिसाब का कितना महत्त्व है, यह हमारी भाषा से भी प्रकट होता है। जो सच्चाई मुहावरों और कहावतों में ढलकर जनजीवन में घुल-मिल गयी हो, उसकी विराटता के सामने भला कौन सिर नहीं झुकाएगा?...

जो अपनी ज़िंदगी को जितने हिसाब से जीता है, वह हिसाब की कॉपी के प्रति उतना ही जागरूक होता है। आप भी ये वाक्याँश रोज़ाना सुनते और इस्तेमाल करते होंगे—सीधी उँगली से हिसाब नहीं निकलता, हिसाबी को नहिं दोष गुसाईं; बाप न देखी किताबी, बेटा बना हिसाबी; हिसाब के हारे हार है, हिसाब के जीते जीत; हिसाब चंगा, तो कठौती में गंगा; उतने पाँव पसारिए, जितना लम्बा हिसाब...

हिसाब वह अंकुश है, जो व्यय रूपी मतवाले हाथी को वश में करना है, लेकिन हमेशा असफल रहता है। जिस तरह पाप करने के बाद पापी को उसकी अन्तरात्मा धिक्कारती है, उसी तरह ख़र्च करने के बाद आदमी को हिसाब की कॉपी लानतें भेजती है। हिसाब की कॉपी आदमी का फ़ोल्डिंग ज़मीर है, जिसे आलमारी में बन्द करने के बाद वह नोटों की गड्डी जेब में डालकर सुपर बाज़ार चला जाता है। कुछ व्यक्ति इसे पोर्टेबिल बनाकर अपने बैग या पर्स में भी रख लेते हैं, लेकिन यह स्थिति काफी असंगत और तनावभरी है—अपनी पत्नी और प्रेमिका, दोनों को साथ लेकर घूमने जैसी!

इस हिसाब में वैसे तो जोड़, गुणा, भाग—सब कुछ आता है, लेकिन ये सब अन्ततोगत्वा घटकर उसकी बाक़ी में बदल जाते हैं, जिसे किसी-न-किसी को चुकाना शेष रह जाता है। इसलिए हर हिसाब की कॉपी दुःखी और अभिशप्त मानवता का बाक़ी इतिहास (!) है, जिसका बोझ प्रत्येक शरद की कमर तोड़ रहा है।

अगर उधार दोस्ती की कैंची हैं, तो हिसाब की कॉपी प्यार का सीमेंट है। विश्वास देने और पाने का इससे बेहतरीन तरीक़ा दूसरा कोई नहीं है। जिसने आपको हिसाब की कॉपी दिखला दी, उसने जैसे अपना दिल खोलकर आपके सामने रख दिया। निकटता की चरम सीमा हिसाब की कॉपी है। शायद इसीलिए आजकल की लड़कियाँ प्यार के दौरान, मगर शादी के पहले अपने प्रेमी की हिसाब-कॉपी देखने को बहुत उतावली होती हैं।

हिसाब की कॉपी के कई फ़ायदे हैं। अगर आपकी आत्मपीड़न में रुचि है या परपीड़न में विश्वास है, तो चार पन्ने पलट लीजिए। पड़ोसियों से लड़ने, बच्चों को डाँटने या ख़रीदी चीज़ वापस करने से पहले जिस तरह का मूड ज़रूरी होता है, इस कॉपी के एक पृष्ठ का अवलोकन करते ही उसकी उपलब्धि हो जाती है। ऑल इंडिया इंस्टीट्यूट ऑफ़ मेडिकल साइंसेज़ द्वारा किये गये एक परीक्षण से मालूम पड़ता है कि हिसाब की कॉपी मोटापा घटाने में बहुत मदद करती है, इसलिए अब डॉक्टर या ब्यूटी क्लिनिक के लोग एपैटाइट डिप्रेसेंट गोलियाँ, तरल हाईप्रोटीन अथवा क्रैश डाइट और मसाज के बजाय स्लिम होना चाहने वाले लोगों को हिसाब रखने की सलाह देने लगे हैं। मोटे आदमी को जब मालूम पड़ता है कि मैंने पिछले महीने में 3 किलो अरहर की दाल, 13 किलो आलू, 9 किलो प्याज़, 7 किलो चावल, 311 चपातियाँ, 269 कप चाय, 60 अंडे, 60 स्लाइस, 30 दोसे और मक्खन के दो डिब्बे ख़त्म कर दिये हैं...या मोटी औरत को जब मालूम पड़ता है कि पिछले महीने में मैंने 383 रूपए की साड़ियाँ ख़रीद लीं, डेढ़ सौ मेकअप के सामान में डूब गये, 85 सैंडिल चप्पल पर बर्बाद हो गये, 35 फ़िल्मों में खो गये वैसे ही इस रंजो-ग़म से हाज़मा खराब हो जाता है, कार्बोहाइड्राइट्स ज्यों ही बदन में आते हैं, त्यों ही बाहर निकल जाते हैं और चन्द ही दिनों में 66", 52", 66" के नाप घटकर 36", 22", 36" में बदल जाते हैं!

अगर पन्द्रह दिन से जमा मेहमान टलने का नाम नहीं ले रहा है, तो सुबह-सवेरे उसके सामने हिसाब की कॉपी लेकर बैठ जाइए और चिन्ताग्रस्त भाव से लम्बी-लम्बी साँसें लीजिए। दस मिनिट के बाद वह सामान बाँधता नज़र आएगा। मातमपुर्सी या स्यापे में जाने से पहले भी इस कॉपी का अध्ययन उपयोगी माना जाता है। वास्तविकता तो यह है कि दुःख, लज्जा, ग्लानि, भर्त्सना, निराशा, हिंसा, उत्साह, प्रेरणा,

आशा, क्रोध, घृणा—जिस भाव की भी अपेक्षा हो, हिसाब की कॉपी उसे ही सुलभ कर देती है। हत्या या आत्महत्या—किसी के भी पहले इसके पाठ से प्रेरणा ली जा सकती है। यह 'गीता' के समान 'युद्धक्षेत्र ही कर्मक्षेत्र है' का उपदेश देती है, तो 'ग्रंथसाहब' के समान संसार को असार भी सिद्ध कर देती है। यह 'मेघदूत' के जैसा करुणाप्रधान काव्य भी है और 'अर्थशास्त्र' की तरह सफलता के रास्तों की ओर भी संकेत करती है, यह 'चन्द्रकान्ता सन्तति' की भांति दिलचस्प है, तो 'हितोपदेश' के समान सैंकड़ों सबक भी सिखलाती है। हिसाब की कॉपी दुनिया में जन्म लेने के 'क्राइम' का 'पनिशमेंट' है, इसका प्रत्येक लेखक 'बावरा अहेरी' है, यह कॉपी अगर एक ओर 'झूठा सच' है, तो दूसरी तरफ़ 'मानवमूल्य और साहित्य' भी है!

इसलिए ताज्जुब नहीं होता, जब तमाम लोग साहित्य पढ़ने के नाम पर सिर्फ हिसाब की कॉपी पढ़ते हैं और तमाम लेखक साहित्य लिखने के नाम पर सिर्फ हिसाब लिखते हैं—जानने वाले जानते हैं कि उनके साहित्य और हिसाब में कोई ख़ास फ़र्क़ नहीं होता! साहित्य के इतिहास में स्वर्णाक्षरों में लिखे जाने वाले नाम भी पहले दर्ज़े के 'हिसाबी' पाए गये हैं-बल्कि कुछ विद्वज्जनों का तो यहाँ तक कहना है कि साहित्य के इतिहास तक हिसाब ही पहुँचाता है।

इसका प्रमाण? पिछले दिनों उज्जयिनी के आसपास खुदाई करते हुए पुरातत्त्व के विद्वानों को एक रत्नमंजूषा में कालिदास के हस्तलेख में 'अभिज्ञान शाकुंतलम्' की पांडुलिपि मिली है। पृष्ठ के दायीं ओर साफ़-साफ़, पंक्तियों के बीच काफ़ी फ़ासला देकर, नाटक की इबारत दी हुई है और बायीं तरफ़ के सातवें पन्ने पर 'हिसाबानुयायियों' के उत्साह-वर्द्धन के लिए यह लिखा पाया गया है :

आषाढ़स्य हिसाबम्		
आय	1000	स्वर्ण मुद्राएँ
गृहखर्चम्	900	,, ,,
प्रियंगुमंजरीस्यमेखलाम्	100	,, ,,
प्रसाधन सामग्री	50	,, ,,
10 उत्तरीयं एवं अंशुकम्	35	,, ,,
फुकरम्	30	,, ,,
ऋणम्	**105**	,, ,,

विभाव, अनुभाव और संचारी भावों के संयोग से रस की निष्पत्ति होती है, इस जुमले के अन्त को तारांकित करके भरत मुनि ने नीचे कोष्ठक में लिखा है, ''यह अंडरस्टुड है कि सामाजिक की व्यक्तिगत हिसाब-पोथी के ठीक रहने पर ही रस निष्पन्न होता है।'' इस प्रकार स्पष्ट है कि सारे रस-सिद्धान्त और समस्त लक्षण ग्रंथों के मूल में हिसाब की कॉपी ही है। इसकी दुरुस्ती या गड़बड़ी के ही कारण पूरे नौ रसों और समस्त विभावों, अनुभावों और संचारियों की उद्भावना होती है...और तो और, नायक-भेद का आधार भी यही है। राम धीरोदात्त नायक इसलिए हैं, क्योंकि वे वनवास की ख़स्ताहाली में भी कुटी के इंटीरियर डेकोरेशन तथा हवन सामग्री पर की जाने वाली सीता की फ़िज़ूलख़र्ची को दरगुज़र कर देते है। कृष्ण धीरललित हैं, क्योंकि ऐश्वर्यशाली होने के कारण प्रत्येक गोपी के लिए उनकी हिसाब की कॉपी अलग है। 'मृच्छकटिक' का चारुदत्त धीरप्रशान्त इस कारण है, क्योंकि उसकी सारी दौलत ख़त्म हो चुकी है और वह अपनी उस हिसाब की कॉपी पर, जिसमें कभी लाखों के बिज़नेस का लेखा-जोखा होता था, चुपचाप, शान्तिपूर्वक वसन्तसेना का स्केच बनाया करता है। दुर्योधन के धीरोद्धत होने की वजह यही है कि वह साम्राज्य के हिसाब की कॉपी आधी फाड़कर युधिष्ठिर को नहीं देना चाहता!

रसाभास तभी होता है, जब हिसाब ठीक नहीं चलता। कुछेक विद्वानों का विचार है कि हिसाब के बिगड़ जाने पर ही आमतौर से नयी कविता और अकविता की रचना होती है। जैसे-जैसे हिसाब उलझता जाता है, वैसे-वैसे कविता में 'अ' तत्त्व बढ़ते जाते हैं। आलोचकों का कहना है कि नयी पीढ़ी की स्थिति इसीलिए इतनी शोचनीय है, क्योंकि वह अपने हिसाब की कॉपी में कुल जोड़ ज़ीरो आने के बावजूद धीरोद्धत हो, उसे खुलेआम दिखलाता फिर रहा है!

ज़हने-फितरत में थीं ज़ितनी नाकशूदा उलझनें,
एक मरक़ज़ पर सिमट आईं, तो इंसां बन गयीं।

अगर प्रकृति की सारी उलझनों का केन्द्र इंसान है, तो इंसान की सारी उलझनों का प्रतीक हिसाब की कॉपी है। मानवता और हिसाब का संघर्ष चिरन्तन है। हिसाब का वास्तविक स्वरूप क्या है, आदमी आज तक नहीं जान सका। उसने यथार्थ का हल्का-सा आभास महीने के पहले दो हफ़्तों में अवश्य होता है, लेकिन तीसरा सप्ताह समाप्त होते-होते हिसाब का सत्य माया की तरह रंग बदलता हुआ मृग-मरीचिका के समान ग़ायब हो जाता है और चौथा हफ़्ता शुरू होते ही किसी से बीस रुपये उधार लेने पड़ते हैं। इसलिए आमद और ख़र्च के आँकड़े जमा करके हिसाब के सत्य को समझने का प्रयास सरासर पागलपन ही है। लेकिन मानव शरीर धारण किया है, तो इस व्याधि को भी भुगतना ही पड़ेगा। तभी किसी महीने के आख़िरी हफ़्ते में हिसाब की कॉपी को ही ब्याज (शे'र लिखने की कॉपी) मानकर 'कर रहा था ग़मे जहाँ का हिसाब' गुनगुनाते हुए फ़ैज़ ने टूटे दिल से 'लिखते रहे जुनूं की हिकायाते-खूंचकां' (रक्तसनी कहानी) दर्ज़ करने के साथ-साथ यह भी लिख दिया था कि—'जो सर पै गुज़रती है, रक़्म करते रहेंगे।'

बातचीत की शुरुआत

बातचीत करना एक कला है, यह तो अनेक लेखकों ने लिखा है; लेकिन बातचीत की शुरुआत कितनी कठिन कला है, इस बात पर शायद किसी ने प्रकाश नहीं डाला। 'दिये हैं रंज इब्तिदा (आरम्भ) में इन्तिहा (बहुत अधिक) के मुझे' पंक्ति में स्व. शैलेन्द्र ने सम्भवतः इसी मुश्किल की ओर संकेत किया है। सच तो यह है कि अगर बातचीत की शुरुआत एक बार ठीक हो गयी, तब फिर संवादों का सिलसिला धड़ल्ले से चल निकलता है। जिस तरह का उद्देश्य होता है, बातचीत की शुरुआत के ढंग भी उसी हिसाब से निर्धारित हो जाते हैं और लक्ष्य जितना बड़ा या छोटा होता है, तरीक़ा भी उतना ही नाज़ुक या सपाट हो सकता है। उदाहरण के लिए, मान लीजिए कि आप राजधानी एक्सप्रेस से कलकत्ता जा रहे हैं। नयी दिल्ली रेलवे स्टेशन पर आप कम्पार्टमेंट में दाख़िल हुए और अपनी अटैची रखकर सीट पर बैठ गये। आपने कनखियों से देख लिया कि बगल वाले सज्जन पास में चार-पाँच पत्रिकाएँ रखे हुए हैं और उनमें से एक का पाठ कर रहे हैं। आपने जेब से सिगरेट का पैकेट व माचिस निकालते हुए अपना लक्ष्य निर्धारित कर लिया—एकाकी ख़ालीपन को भरने के लिए कुछ बातचीत और उनकी पत्रिकाएँ पढ़ना।

"हावड़ा चल रहे हैं न?" आपने पूछा।

"जी हाँ।" उन्होंने मुस्कराकर कहा। उन्हें मुस्कराना पड़ेगा, क्योंकि आपने अपनी ओर से बातचीत की शुरुआत करके उनके अहं को तृप्त कर दिया है।

"आप भी?"

"जी।"

"यहीं दिल्ली रहते हैं या...?"

"रहता तो यहीं हूँ, पर बीच-बीच में जाता रहता हूँ। न्यू मार्केट में अपना एक डिपार्टमेंटल स्टोर है...आप?" सिगरेट का पैकेट आपने उनके सामने बढ़ा दिया।

"मैं वहीं हूं...टार्सन एंड लूब्रो में...जी नहीं, शुक्रिया। मैं पीता नहीं।"

"ये मैग्जीन देख सकता हूँ?"

"जी हाँ, ज़रूर।"

और उन्होंने सारी पत्रिकाएँ उठाकर पास रख दीं। आपका जो अभिप्रेत था, वही हुआ, क्योंकि आपका आरम्भ नपा-तुला था। इसके बिल्कुल उल्टे अगर आप अपने-आप में ही डूबे रहने वाले प्राणी हैं और स्वयं कई पत्रिकाएं भी लिये हैं, जिन्हें बिल्कुल बँटाना नहीं चाहते, तो आपकी शुरुआत ऐसी चेतावनी भरी होगी कि पूरे सफ़र के दौरान कोई आपको छेड़ने की हिम्मत नहीं करेगा। आप हाथ में अटैची लिए डिब्बे में दाखिल हुए और खट्-खट् करते हुए अपनी सीट तक पहुँचे। उस पर एक एयरबैग रखा हुआ था। आपने हिकारत भरी सर्द निगाह से आस-पास के लोगों को देखा और रुखाई से कहा, "यह बैग किसका है?"

बगल के सज्जन ने अपराधी के-से भाव से उसे उठा लिया। आप अपनी सीट पर दराज़ हुए और किसी ओर देखे बिना अपनी एक पत्रिका खोलकर उसमें डूब गये।

क्योंकि उद्देश्य छोटा था, इसलिए आरम्भ के लिए किसी विशेष तैयारी की ज़रूरत नहीं थी। लेकिन अगर काम बड़ा हो, तो गहरे मानस-मंथन की अपेक्षा होती है। अगर गर्ज़ अपनी हो, तो शुरुआत आम तौर से दूसरे की तारीफ़ से की जाती है। पर अधिक सजग रहने वाले लोग इस पद्धति को उपयुक्त नहीं भी मानते। फिर अक्सर उस व्यक्ति में अपने आप में प्रशंसा के लायक कोई बात भी नहीं होती। ऐसे हालत में सहारा उससे संबंधित किसी या वस्तु का लिया जाता है, जैसे आप ज्वाइंट सेक्रेटरी मि. सरन के ड्रॉइंग-रूम में आकर बैठे हैं। यह आदमी निहायत ही बदशक्ल और फूहड़ है। उसकी पारिवारिक पृष्ठभूमि में भी ऐसा कुछ नहीं, जिससे मदद ली जा सके। बरामदे से मि. सरन का बच्चा आस्तीन से नाक पोंछता हुआ आता है और अपने धूल-भरे जूतों सहित आपकी गोद में चढ़ने की कोशिश करता है। आप इधर-उधर निगाह दौड़ाते हैं और किसी को देखना न पाकर बच्चे को धकेल देते है। तभी 'खट्-खट्' करते हुए मि. सरन कमरे में दाख़िल होते हैं। आप तपाक से खड़े हुए और उनसे हाथ मिलाया।

"कहिए जनाब, क्या हाल है?" उन्होंने मुस्कराकर पूछा।

आपने दो इंच मुस्कान दिखाते हुए कहा, "बस, इनायत है आपकी।"

"बैठिए...बैठिए।"

उन्होंने सामने तशरीफ़ रखी और आप भी अपनी जगह पर वापस आ गये! क्षणिक विराम। बस, यही है वह पल, जिसे आपको पकड़ना है। बोलिए, अब आप क्या बोलेंगे?

"आपके बच्चे के मैनर्स बहुत अच्छे हैं।"

"हें...हें..."

या।

"आपका कॉकर-स्पेनियल बड़ा शानदार है।"

‘‘हें...हें, कलकत्ते के एक दोस्त ने दिया था।’’

‘‘आपकी नयी गाड़ी का रंग बहुत प्यारा है।’’

‘‘हें...हें...’’

‘‘मैं शर्त लगाने को तैयार हूँ, अगर पूरे साउथ ब्लॉक में ऐसा नफ़ीस रंग कहीं और मिल जाए तो।’’

‘‘भई, अपनी तो पसन्द ही शुरू से कुछ ऐसी है कि...’’

‘‘और एक आपके कुलीग मेहरचन्द हैं...क्या गाड़ी, क्या पोशाक, क्या तौर-तरीक़ा—बस, खुदा की पनाह।’’

उनके चेहरे पर मुस्कान, जिसका मतलब है, हम अपने को कमिट नहीं करेंगे, पर आप इस विषय पर कुछ और बोलिए।

शुरुआत चाहे पत्नी की शिष्टता से करें और चाहे बंगले की सुन्दर बनावट से, आधे मिनट के बाद फिर एक विराम आएगा, जिसके बाद मि. सरन पूछेंगे, ‘‘और सुनाइए, क्या हाल है?’’

आपने पल भर रुककर कहा, ‘‘जरा एक तकलीफ़ देनी थी आपको।’’

‘‘हाँ-हाँ, बताइए।’’

‘‘आई.टी.ओ. में एक केस फँसा हुआ है। अगर आप मि. देसाई से बात कर सकें, तो...’’ विराम। पाइप से धुआँ उठता है। आपके मन में शंका होने लगती है कि कहीं शुरुआत ग़लत तो नहीं थी?

‘‘आप एक काग़ज़ पर डिटेल्स दे दीजिए। मैं बात कर लूँगा।’’

आपने इत्मीनान की एक लम्बी साँस ली और जेब से पेन निकालने लगे।

यह तो ख़ैर, उद्‌देश्यपूर्ण बातचीत थी, इसलिए इसका आरम्भ भी विशिष्ट और व्यक्ति-उन्मुख होना ही था; लेकिन आम संवादों में शुरुआत सामान्य एवं अव्यक्तिगत ही हाती है। ऐसे मौक़ों पर हमेशा यह महसूस होता है कि अगर मौसम न होता, तो दुनिया के 75 प्रतिशत लोग बात शुरू ही न कर पाते! मौसम रामनाम की ऐसी

नैया है, जिसके सहारे पापी और अधर्मी भी (यहाँ मतलब चुप्पों और शर्मीलों से है!) संसार-सागर को पार कर लेते हैं।

लेकिन यह भी सच है कि मौसम के आधार पर केवल दो-तीन संवाद ही सम्पन्न हो सकते हैं। जो विषय द्रौपदी के चीर के समान अनन्त है और साथ ही झीने ताने-बाने के पार कुछ मोहक दिखायी देने जैसी दिलचस्पी भी बनाये रखता है, वह है राजनीति। कॉफ़ी हाउस, बस स्टॉप, लोकल ट्रेन...सभी जगह लोग राजनीति की पिंगपॉग में पहला स्ट्रोक लगाकर संवादलीन होने की अपनी अभिरुचि प्रकट करते हुए देखे जाते हैं :

"ढाका आज़ाद करवा ही लिया जनाब?"

"आपका क्या ख़याल है, अमरीका बांग्लादेश को मान्यता दे देगा?"

"कुछ भी कहिए मिस्टर, प्राइम मिनिस्टर ने बडी ताक़तों को भी सबक सिखा दिया।"

यों सेक्स, उम्र और पेशे के लिहाज़ से बातचीत की शुरुआत बदलती रहती है। लड़कों की बातचीत गाली और 'कल शाम स्टैंडर्ड में तुम्हारे साथ बड़ी क्यूट चीज़ थी। कौन है?' से शुरू होती है, तो लड़कियों की एक-दूसरे की साड़ी की प्रशंसा से। माँएँ अपने बच्चों की चर्चा की लीक से नहीं हटतीं और पुरुष बोनस एवं डी.ए. की लक्ष्मण-रेखा को पार नहीं कर पाते। कुछ लोग मिलने पर 'कहिए, क्या हाल है?' पूछते तो हैं, पर इसके एकदम बाद 'मैं' की ध्रुव-पंक्ति पर आ जाते हैं–ये आत्म-सीमित से शुरू करते हैं और 'मैं' पर समाप्त हो जाते हैं। इसके बिल्कुल उल्टे एकाध कोई विरला ऐसी भी मिलता है, जिसे मौसम, राजनीति, 'मैं' या 'तुम' की कोइ भी 'एप्रोच' अपने खोल से बाहर नहीं निकाल पाती।

हाल में ही मैं एक क्लीनिक में बैठा था। डॉक्टर अन्दर किसी बच्चे का कोई माइनर ऑपरेशन कर रहे थे। सामने एक सज्जन चश्मा

लगाए बैठे थे और दीवार पर टँगा छोटे-बड़े रोमन हर्फ़ों वाला चार्ट देखते हुए मेरे ही समान डॉक्टर की प्रतीक्षा कर रहे थे। मैंने बारी-बारी से कमरे की हर चीज़ का जायज़ा ले लिया। ख़ामोशी बोझिल होती जा रही थी, इसलिए मन्द मुस्कान से उनकी तरफ़ देखते हुए कहा, "बड़ी गर्म हवा चल रही है।"

मैं सोच रहा था कि जैसा आम तौर पर होता है, वे "जी हाँ, बिल्कुल! दस मिनट बाहर खड़ा नहीं हुआ जाता।" जैसे किसी वाक्य से इसका अनुमोदन करेंगे। फिर मैं "सुबह अख़बार में देखा आपने?" से शुरू करके शादहरा में हीट-स्ट्रोक से हुई तीन मौतों का समाचार दूँगा। इसके बदले में वे सन् 1938 में पड़ी भयंकर गर्मी का ज़िक्र करते हुए कोई संस्मरण सुनाएँगे और इस तरह सिलसिला चल निकलेगा।

लेकिन आशा के विपरीत मुझे सुनायी दिया, "वो तो चलेगी ही! गर्मी का मौसम है।"

और चुप्पी। मैंने पहलू बदला और कहा, "आखिर बांग्लादेश आज़ाद हो ही गया।"

इसके बाद स्वाभाविक और तर्कसंगत घात-प्रतिघात इस प्रकार होतेः

"साढे सात करोड़ लोगों को संगीनों के बल पर आप कब तक दबाकर रख सकते हैं? दरअसल दो राष्ट्रों का सिद्धान्त ही बेहूदा था।"

"हमारी फौज के तीनों हिस्सों ने बहुत अच्छा काम किया है।"

"बेशक, और आपके लोगों ने भी बहुत सही ढंग से इस संकट का सामना किया है। सच्चाई तो यह है कि सन् 47 के बाद पहली बार आप हिन्दुस्तानी होने पर गर्व करते हैं।"

"प्रेसीडेंट निक्सन का बयान देखा आपने?"

"जी हाँ! दरअसल शक्ति-सन्तुलन के बिगड़ने से अमरीका और चीन तिलमिला उठे हैं इसीलिए जीत का सेहरा सोवियत रूस के सिर ठहराते हुए यह कहा जा रहा है कि..."

और क्रमशः यह चर्चा 'यहिया ख़ाँ को फाँसी दी जाएगी या नहीं?' वाले ज्वलन्त प्रश्न पर आ जाती।

पर चश्मे वाले सज्जन मेरी बात सुनकर उदासीन भाव से बोले, "वो तो होना ही था।"

और फिर चुप्पी। अन्तिम कोशिश में मैंने पहलू बदला और कहा, "आख़िर हिटलर बेचारे ने आत्महत्या कर ही ली।"

वे क्षण-भर सोचते रहे। फिर ठण्डी सांस लेकर बोले, "वो तो उसे करनी ही थी।"

पीछे की क़तार

कॉलेज की क्लास में और मीटिंग के हॉल में बैठने के लिए बेंचें या कुर्सियाँ होती हैं। क्योंकि लोग व्यवस्था के हिमायती होते हैं, इसलिए कुर्सियों को करीने से लगा देते है। कुर्सियों को करीने से लगाने का एक ही तरीक़ा अभी तक ईजाद हुआ है—और वह है उन्हें पंक्तिबद्ध करना। ज़ाहिर है, कतारें लगाने पर कुछ आगे होंगी और कुछ पीछे। डायज़, माइक या ब्लैकबोर्ड के बिल्कुल पास जो पंक्ति होती है, उसे 'अगली' कहते हैं और जो सबसे बाद में रहती है, उसे 'पिछली' संज्ञा से विभूषित किया जाता है। होने को तो दोनों कतारें एक ही चार-दीवारी में होती हैं, लेकिन उनमें बुनियादी और गहरा अन्तर पाया जाता है।

जहाँ तब पढ़ाई वाली पिछली कतार का सवाल है, वह बहुत सुविधाजनक मानी जाती है—यानी पढ़ाई के अलावा बाकी सारे कामों के लिए! वहाँ पीरियड के दौरान कभी भी बैठा जा सकता है और कभी भी उठा जा सकता है। प्रॉक्सी भी यहीं से बोली जाती है और ख़ूबसूरत नीला रस्तोगी पर काग़ज़ का हवाई जहाज़ भी यहीं से फेंका जाता है। विद्यार्थी संघ के चुनाव की गहमागहमी, सिनेमाघर के गेट कीपर से मारपीट, चांसलर का घेराव और परीक्षा-भवन में निरीक्षक के हेतु छुरे का प्रदर्शन—सारे मांगलिक कार्य यहीं से सम्पन्न होते हैं।

अपनी-अपनी पसन्द है, कोई कुछ कह नहीं सकता, इसलिए कुछ लोगों को यह जगह बचपन से ही पसन्द होती है। वे क्लास में जाते हैं और सबसे पिछली कतार में बैठ जाते हैं। लेक्चर चल रहा है और उनका दोस्त उन्हें जेब से मूंगफली निकालकर पेश करता है। लेक्चर चल रहा है और मूंगफली चल रही है। अगली कतार के विद्यार्थी चुपचाप सिर झुकाए नोट्स ले रहे हैं और पिछली कतार में 'म्याऽऽऊंऽऽ' सुनायी दे रही है। शिक्षक पिछली कतार के सामने विनीत और नत पस्तक होता है। प्राध्यापक की सबसे बड़ी तमन्ना यही होती है कि उसके क्लास में कोई पिछली कतार ही न हो, लेकिन ऐसा नहीं हो सकता, इसलिए पिछली कतार हमेशा मन में काँटे की तरह चुभती रहती है। जो शिक्षक पिछली कतार को साथ लेता है, उसे 'सफल' की संज्ञा मिल जाती है।

लेकिन आम तौर से यही देखने में आता है कि ज़िंदगी की दौड़ में पिछली कतार वाले आगे निकल जाते हैं। हमेशा पहली पंक्ति में बैठने वाला गिरीशचन्द्र अस्थाना एम.ए. की अच्छी डिवीज़न के बावजूद दो साल बेकार रहने के बाद ढाई सौ की क्लर्की के इंटरव्यू के लिए जब सहमा-सा मैनेजर के कमरे में दाख़िल होता है, तो हमेशा पिछली कतार में बैठने वाले बी.ए. के अपने पुराने सहपाठी गुलशन को रिवॉल्विंग कुर्सी पर अधलेटे हो, गोल्डफ़्लैक का धुआँ उड़ाते देखता है! पहली पंक्ति वाले आगे कहीं मिलने पर पहचानते तक नहीं, पिछली पंक्ति वाले हमेशा मदद करते हैं।

किसी साहित्यिक सभा में बोलते हुए 'आकाशवाणी' के एक लेखकनुमा पदाधिकारी ने कहा, 'मुझे बहुत दुःख होता है, जब मैं आज के लेखन की स्तरहीनता के बारे में सोचता हूँ। अच्छी रचनाएँ इतनी कम देखने को मिलती हैं कि कभी-कभी साहित्य पर से आस्था उठने लगती है। मैं इससे इनकार नहीं करता कि इन दिनों बहुत बड़ी संख्या में लोग रचनात्मकता के क्षेत्र में आ रहे हैं, लेकिन निश्छल और

वास्तविक लेखकों की संख्या बहुत ही कम है। ज़्यादातर लोग साहित्य में अपना कॅरियर बनाने आते हैं...”

तभी पीछे से एक आवाज़ आयी “जैसे आप आए थे!”

इस तरह बहुत चुटकुले आपने सुने और पढ़े होंगे। इनकी ‘पंच लाइन’ इन्हीं शब्दों के बाद आती है–‘तभी पीछे से एक आवाज़ आयी’ यानी यह जुमला भीड़ के भूगोल की एक दिलचस्प सच्चाई को उजागर करता है कि सामूहिक सतहीपन में व्यक्तिगत वाग्वैदग्ध्य किस क्षेत्र में निहित होता है। हम सब जानते हैं कि आगे बैठने वाले लोगो को या तो भाषण देना होता है या वे किसी भाषण देने वाले के साथ आए होते हैं। बीच के लोगों का काम सिर्फ सुनना और बजाना है। यह सभा का सबसे संवेदनहीन और अस्पन्दनीय हिस्सा होता है, लेकिन क्योंकि इसकी संख्या अधिक रहती है, इसलिए यह बहुत असरदार होता है। इस असर का इस्तेमाल या तो अगली कतार के लोग करते हैं और या पिछली कतार के। जिनका प्रवाह तेज़ होता है, वे ही मध्यवर्गीय समुदाय को अपने साथ बहा ले जाते हैं और मीटिंग कामयाब या नाकामयाब हो जाती है।

अगर एक सभा को लोकसभा मानें, तो पीछे के लोगों को विरोधी दल का सदस्य कह सकते हैं। आम तौर से इनका कोई प्रोग्राम या मेनीफ़ेस्टो नहीं होता। ये विरोध के लिए विरोध करते हैं, लेकिन अक्सर उसमें ‘इन्वॉल्व्ड’ नहीं होते। इनका उद्‌देश्य महज़ थोड़ा-सा मनोरंजन करना होता है। दफ़्तर से थके-थकाए आए थे। एक कप चाय पीकर सब्ज़ी लेने निकले हैं, पर लाउड स्पीकर से आती भाषणी आवाज़ सुनकर तरकारी वाली गली में मुड़ने के बजाय पंडाल में घुस आए हैं। यथास्थान एक-दो जुमले मारकर हाहा-ठीठी करेंगे, फिर आधा किलो आलू लेकर घर चले जायेंगे।

अगली कतार के लोगों को भाषण देना है, इसलिए वे सभा के आयोजन से जुड़े हुए हैं। उन्हें पता है कि पीछे कैसे लोग बैठते हैं

और उनकी मंशा क्या होती है? चुनाँचे, वे पूरी कोशिश करते हैं कि पीछे के लोगों के मुँह बन्द रहें। ऐसा कैसे हो सकता है? इसका सबसे आसान तरीक़ा यही है कि पीछे बैठना चाह रहे व्यक्तियों को आगे बैठा दिया जाए!

महापौर भाषण दे रहे हैं और आप, आयोजन-समिति के एक सदस्य, हॉल के पिछले हिस्से में जेबों में हाथ डाले धीरे-धीरे टहल रहे हैं। सभा में शान्ति है। मीटिंग कामयाबी की ओर बढ़ रही है। तभी हाथ में छोटा-सा थैला लिये व्यक्ति अन्दर घुसता है और सबसे पीछे की पंक्ति में एक कुर्सी पर बैठने को होता है। आपकी गिद्ध-दृष्टि तुरन्त भाँप लेती है। आप बिजली-जैसी तेज़ी से उसके पास पहुँचते हैं और नम्रतापूर्वक कहते हैं, ''आइए, आगे आ जाइए।''

वह हल्की मुस्कान सहित उतनी ही नम्रता से जवाब देता है, ''नहीं जी, हम यही ठीक हैं।''

आप फिर आग्रह करते हैं, ''नहीं जी, आप तो सभा की शोभा हैं। आगे की जगह ही आपके अनुकूल...''

उसने ग्लानिपूर्वक बात काट दी, ''अजी, हमारी भला क्या औक़ात...?'' और धप्प-से बैठ गया है।

आप मजबूर होकर पीछे हट आए हैं और देख रहे हैं कि वह मनोयोग से भाषण सुन रहा है।

''जब तक नागरिकों में नागरिक चेतना नहीं होगी, तब तक भला हम क्या कर सकते हैं? हमारी तरह आप भी इस शहर को अपना समझिए और इसे साफ़-सुथरा रखने में हमारी मदद कीजिए। आपकी सहायता के बिना नगर निगम इस नगर को आदर्श नहीं बना सकता।... अब देखिए, परसों की ही बात है। पूसा रोड के ख़ास चौराहे पर एक मरा हुआ गधा चौबीस घंटे पड़ा रहा, लेकिन आप लोगों में से किसी ने एक टेलीफ़ोन तक करने की ज़हमत नहीं फ़र्मायी...''

तभी पीछे से एक आवाज़ आयी, "आपको भी तो अपने रिश्तेदारों का ख़याल नहीं है।"

सभा में ज़ोरों के ठहाके लगे और हर पंक्ति के श्रोताओं ने पीछे मुड़कर देखने की कोशिश की। महापौर झेंप गये और जेब से रूमाल निकालकर मुँह का पसीना पोंछने लगे। तीन-चार मिनट तक जन-सागर में अट्टहासों से ज्वार उठते रहे, महापौर ने समझ लिया कि पहले का गम्भीर वातावरण बिल्कुल उखड़ चुका है, इसलिए कोलाहल तनिक थमते ही 'धन्यवाद' के दो वाक्य कहकर वे वापस अपनी कुर्सी पर जाकर बैठ गये। आपने देखा कि उनके बैठते ही हॉल की सबसे पिछली कतार में से हाथ में एक छोटा-सा बैग लिये एक आदमी उठा और निःशब्द क़दमों से बाहर निकल गया।...शेक्सपियर ने सच ही कहा है कि मीटिंग एक रंगमंच है और हम सब यहाँ अपनी भूमिका अदा करने आते हैं!

उन प्रशंसाकामी मध्यकालीन हिन्दी कवियों और यशलोभी गज़लगो उर्दू शायरों को शर्म आनी चाहिए, जो दो पंक्तियाँ लिखते हैं और अपना नाम चस्पां कर देते हैं। मैं जब-जब किसी सभा में यह 'पीछे की आवाज़' सुनता हूँ, तो हँसने के साथ-साथ मेरा मन उदास होने लगता है। कितना प्रतिभाशाली रचनाकार है, लेकिन हमेशा गुमनाम रहेगा। कैसा शानदार जुमला मारा और कैसे बेलाग भाव से उठकर चला गया—एक बार पीछे मुड़कर भी नहीं देखा! ये हास्य के निष्काम साधक हैं, जो साहित्य के इतिहास में कहीं अपना नाम नहीं चाहते। पत्र-पत्रिकाओं में लतीफ़ों के स्तम्भ देखता हूँ और उदासी का अहसास दुगुना होने लगता है। चुटकुला है, पर चेहरा नहीं है। यह नामहीन, निराकार लतीफ़ेबाज़ हास्य-व्यंग्य, वाग्वैदग्ध्य, टीका-टिप्पणी और जुमलेबाज़ी में न बीरबल और शॉ से कम है, न मजाज़ और ग़ालिब से।

मिर्ज़ा मरहूम कोई नयी चीज़ शुरू करने से पहले एक फ़ारसी मिसरा गुनगुनाते हुए शायद ऐसे ही लोगों के प्रति श्रद्धांजलि अर्पित किया करते थे :

"बनामे आं के ऊ नामे नदारद।"

(मै उसके नाम से शुरुआत करता हूँ, जिसका कोई नाम नहीं है!)

□□